産学連携関係者のための

契約の「いろは」

小川　隆　著

一般社団法人大学技術移転協議会
グローバル人材育成委員会　監修

発明推進協会

はじめに

「産学連携」とは、何でしょうか？

ＡＩに問い合わせると、次の回答が返ってきました。

> 産学連携とは、大学などの教育機関・研究機関と民間企業が連携して、新技術の研究開発や新事業の創出を図ることを目的としている取り組みです。産学連携において、大学や研究機関が持つ技術や知識を民間企業が活用することで、新しい製品やサービスの開発が可能になります。
>
> また、大学や研究機関は、民間企業からの依頼に応じて、研究開発やコンサルティングなどのサービスを提供することもあります。産学連携は、大学や研究機関が持つ知識や技術を社会に還元することで、社会貢献にもつながります。
>
> **フリー百科事典「ウィキペディア（Wikipedia）」より引用**

まさしく、このとおりです。

そして、産学連携では、各フェーズで、それに適した契約を結び連携を進めていきます。

産学連携は、非営利機関である大学や研究機関（以下「大学等」という。）と営利を目的とする民間企業が連携するため、契約内容も特殊です。

ところが、産学連携の契約に関する書籍は少なく、産学連携関係者は手探りで進めている状態です。また、大学等によって、契約に関する専門人材を配置しているところから、一般事務の担当者が兼務しているところまで、状況も様々です。

本書は、産学連携に関する契約について、専門人材の方はより専門的な知識を得ること、そうでない方も一通りの知識を身に付けることを目的としています。

小川　隆

目　次

Overview 全体概要

産学連携に関する契約の全体像

産学連携の活動として、大きく２つの流れが考えられます。

１つは、大学等と企業が研究活動を通じて連携し活動するものです。代表的なものとして、共同研究があります。もう１つは、大学等が独自で所有する技術を企業に提供し、実用化を目指す連携です。代表的なものとして、特許をはじめとした権利のライセンスがあります。下図は、前者を「共同研究ルート（共有権利）」、後者を「技術移転ルート（単独権利）」として表したものです。

産学連携に関する契約の全体像

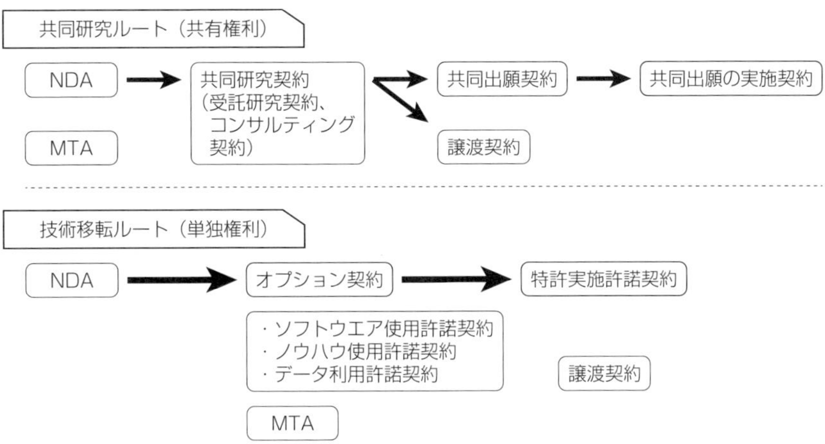

「共同研究ルート」は、共同研究の可能性を探るための秘密保持契約（NDA）や有体物提供契約（MTA）を締結し、共同研究の実施に値するか評価します。

共同研究の実施に進む場合、共同研究契約を締結します。共同研究を実施し、共有の権利が発生した場合は、共同出願を行います。

また、権利の内容によっては、持分の譲渡を行うこともあります。

共同出願の発明が実施される場合、実施条件を定めた共同出願の実施契約を締結します。

「技術移転ルート」は、技術導入の可能性を探るための秘密保持契約（NDA）を締結し、技術導入に値するか評価します。特許については、技術導入の可能性の検討に、オプション契約を締結する場合もあります。

技術導入に進む場合、知的財産権等の種類に応じたライセンス契約を締結します。特許については特許実施許諾契約、その他の知的財産権等についてはソフトウエア使用許諾契約、ノウハウ使用許諾契約、データ利用許諾契約を締結します。また、研究成果有体物の提供を受ける場合は、有体物提供契約（MTA）を締結します。

技術導入の形態として、権利を譲渡することもあり、この場合は、譲渡契約を締結します。

本書では、これらの契約を順に説明します。

最近では、産学連携の活動として、大学等の技術を基にしたベンチャー設立もさかんですが、これについては、別の専門書に委ねたいと思います。

本書の構成

第１章（総則）

法律的な事項を説明します。契約とは何か、契約当事者になることができる者は誰か、契約の効果は、などです。

第２章から第10章

各契約を説明します。

各章は、「１　概要」「２　重要条文と条文解説」「３　Ｑ＆Ａ」で構成されます。「４　関連契約」が含まれる章もあります。

１　概要

契約の全体図を示し、契約の概略を説明します。ここで、全体的なイメージを捉えてください。

２　重要条文と条文解説

まず、各契約の重要な条文を説明します。その後、題材としているサンプル契約書の主要な条文を説明していきます。条文を確実に理解することにより、契約を理解することができます。

また、サンプル契約書は、筆者が経験した産学連携に関する契約の標準的な内容と思われるものにしています。

3　Q＆A

各契約でよく問われる事項、議論が多い事項、などをあげています。

読者が業務で参考にできるよう、条項例も載せています。筆者が最も力を入れている部分です。

4　関連契約

章立てするほどではないのですが、産学連携に関する契約として頻繁に使用される契約を取り上げています。

本書を通すことで、産学連携に関する契約を一通り学習できる構成にしています。

それでは、第１章から見ていきましょう。

1 総則

General Rules

第1章 General Rules 総則

本章は、「契約」の一般的な事項を説明します。多くは民法がベースとなります。どの契約にも共通となる事項ですので、きちんと理解してください。

1　契約とは

契約は、契約の内容を示してその締結を申し入れる意思表示（「申込み」）に対して、相手方が承諾したときに成立する（民法522条１項）。つまり、当事者同士の意思表示が合致することで成立します。

契約が成立すると、法的な責任（権利と義務）が発生します。契約当事者は、相手方に対して権利を主張でき、また、自己に課された義務を履行しなければなりません。これを契約の拘束力といいます。

相手方が義務の履行を怠った場合、契約違反（債務不履行）として、「契約の履行を請求する」「損害賠償を請求する」「契約を解除する」ことができます（民法414条、415条、541条、542条）。また、契約には、契約自由の原則があります。

契約

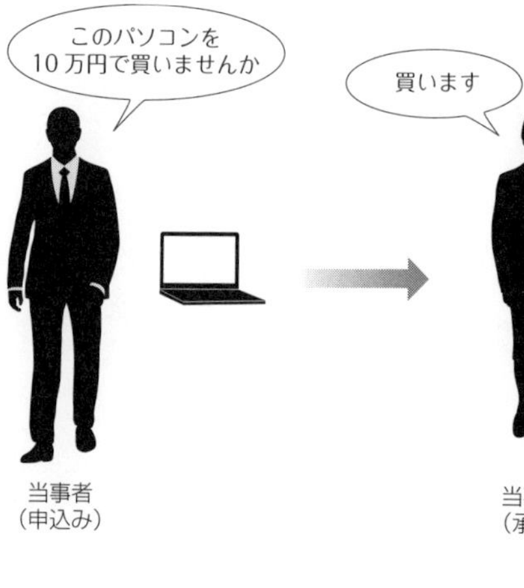
このパソコンを
10万円で買いませんか
買います
当事者
（申込み）
当事者
（承諾）

「契約自由の原則」では、「誰と」「どのような内容で」「どのような方式で」「そもそも契約を締結するか否か」は、契約当事者の自由とされています。契約自由の原則は、次の４つで構成されます。

（1）相手方選択の自由

「誰と」契約を締結するかは、契約当事者が自由に決定できます。

（2）内容決定の自由

「どのような内容で」契約を締結するかは、契約当事者が自由に決定できます。ただし、法令に違反する契約や公序良俗に反する契約は無効となります（民法521条２項、90条）。

（3）方式の自由

「どのような方式」で契約を締結するかは、法令で定める場合を除き、契約当事者が自由に決定できます（民法522条２項）。よって、書面によることが必要と法令で定められている場合を除き、口頭での合意契約も成立します。

（4）締結の自由

契約を締結するか否か、契約当事者が自由に決定できます（民法521条１項）。

２　契約書の必要性

「方式の自由」がある、すなわち、口頭での契約も成立するのであれば、なぜ契約書を作る必要があるのでしょうか。

契約書を作成する目的として、次の理由が挙げられます。

内容の明確化	契約内容を明確にし、契約当事者のお互いの認識を正確、かつ、一致させる。
証拠力	締結した契約について、後にトラブルにならないよう証拠として残しておく。また、後にトラブルになった場合であっても、その契約内容を確認できるようにしておく（契約書は裁判上の重要な証拠となります。）。
抑止力	契約書を作成することにより、契約内容を守ろうとする意識を持たせる。

3　契約当事者と契約締結権限者

契約から生じる権利を取得し、義務を負うことができる能力を「権利能力」といいます。権利能力を持つ者が、契約当事者になることができます。権利能力を持つ者には、自然人（個人）と法人があります（民法３条、34条）。契約当事者として、「○○大学○○部」や「××株式会社××支店」等を見かけることがありますが、権利能力を持つ者という観点からは「○○大学」や「××株式会社」が正しいです。

ここで、法人の場合、法人自体は意思表示できませんので、契約の締結は実体がある人間が行うことになりますが、その人間が誰であるかが重要です。法律上、法人を対外的に代表できるのは代表権を持つ者だけです。通常は、代表取締役になります（会社法349条）。大学等では、理事長、理事、学長、独立行政法人の長になります（国立大学法人法11条、私立学校法37条、独立行政法人通則法19条）。

ただし、権限委任規程等により、契約締結権限の委任を受けた者は、その範囲で契約締結の権限を持ちます。

また、企業については、以下のような扱いもあります。

① 代表取締役以外の取締役に、社長、副社長、その他代表権を持つと誤解されるような肩書を与えた場合、その取締役の行為は、代表権がないことを知らなかった第三者（善意の第三者）に対しては代表権があったものとして扱われます。これを「表見代表取締役」といいます（会社法354条）。

② 支配人は、その事業に関する範囲で契約締結の権限を持ちます（会社法11条）。さらに、会社の本店又は支店の事業の主任者であることを示す名称を付した者の行為は、善意の第三者に対しては支配人と同等の権利としての行為と扱われます。これを「表見支配人」といいます（会社法13条）。「支店長」「営業所長」「工場長」「営業部長」等がこれに該当する可能性があります。

4　契約の有効性

契約が成立したとしても、契約の有効要件を満たしていない場合、当該契約は無効又は取り消され、法的な拘束力を持ちません。契約の有効性は、主に、次に説明する「意思表示との関係」「内容との関係」で判断されます。

(1) 意思表示との関係

意思表示との関係で、契約が無効又は契約の取消しができるものとして、民法では心裡留保、虚偽表示、錯誤、詐欺、強迫が定められています(民法93条から96条)。この中で、実務上問題になりそうな錯誤を説明します。

錯誤には、本心と表示(条文)が異なっている(表示錯誤)と、契約した背景となる事情が真実(事実)と異なっている(動機錯誤)があります。錯誤が認められれば、契約を取り消すことができます(民法95条)。特に動機錯誤を避けるため、重要な契約については、そこに至る背景や状況を契約書の中で詳しく書くことをお勧めします。

(2) 内容との関係

公序良俗に反する内容、法令に違反する内容は無効となります。ここでは、公序良俗に反する内容(民法90条)について説明します。

民法では、契約自由の原則が大前提とされていますので、公序良俗違反は例外的な場合しか認められないと考えられていました。しかしながら、1980年代頃から、不公正な内容の契約や個人の権利・利益を侵害する内容の契約が問題となり、個人の権利や自由を保護するために、公序良俗違反を認めるべき場合が少なくないと考えられるようになってきました。よって、例えば著しく不利益な内容を含む契約は公序良俗に反し、無効となる可能性があります。どの程度なら問題ないかという判断は難しいですが、著しく一方のみが有利な内容はこのような可能性があることに留意する必要があります。

5 契約の解釈

契約の解釈について後に問題が生じないよう、条文は明確、かつ、詳細に記載すべきです。ただし、細心の注意を払ったとしても、契約の解釈に問題が生じる可能性はあります。この場合、契約の解釈は、通常、次のように行われます。

(1) 一般的な解釈

ア　社会一般に理解されている意味がある場合

ある言葉の使い方について、一般的に社会で理解されている意味がある場合には、当事者もそのように理解しているだろうと考え、その意味に従います。

イ　当事者間で明確な了解がある場合

このような場合は、当事者間の了解に従って解釈されます。よって、契約書だけではなく、メールや議事録等も重要になります。

ウ　明確な了解はないが契約の趣旨から読み取れる場合

明確な了解はなくとも、契約に至った背景、契約を締結した経緯や当事者の態度などをもとに、一定の合意が契約の趣旨から推測できる場合は、その合意が優先されます。

(2) 契約内容の補充

ア　法律による補充

法律には、強行規定と任意規定があります。強行規定は、その内容を契約で変えることはできませんが、任意規定は契約で内容を変えることができます（民法91条)。

また、契約で定めなかった事柄について、任意規定がある場合には、それに従います。さらに、法律には、特別法と一般法があり、特別法が優先します。例えば特許法（特別法）と民法（一般法）で、同じ事柄について任意規定がある場合、特許法の任意規定を適用します。まとめると、「強行規定＞契約＞任意規定（特別法）＞任意規定（一般法)」となります。

イ　慣習による補充

慣習の存在が認められれば、慣習に従います。

6　契約の有効期間

契約の有効期間は、契約の効力の発生日から終了日までとなります。

契約の効力の発生日は、次のように考えます。

① 特段の記載がない場合は、契約締結日から効力が発生します。

② 契約の有効期間の記載がある場合は、有効期間の始期に効力が発生します。

例：本契約の有効期間は、△年△月△日から○年○月○日までとする（△年△月△日が効力発生日）。

③ 遡及効の記載がある場合は、遡及日に遡って効力が発生します。

例：本契約は、契約締結日にかかわらず、△年△月△日に遡って効力が生ずるものとする（△年△月△日が効力発生日）。

契約の効力の終了日は、次のように考えます。

① 特段の記載がない場合は、契約は永続的に存続します（実際は、債務の履行により終了します。また、損害賠償の責任等は、法律の定めによります。）。

② 契約の有効期間の記載がある場合は、有効期間の終期に終了します。

例：本契約の有効期間は、△年△月△日から○年○月○日までとする（○年○月○日が終了日）。

③ 存続条項については、存続期間の経過後に終了します。

例：第●条については、本契約終了後も３年間有効に存続する（契約終了日＋３年間で終了）。

④ 契約を解除又は解約した場合、解除日又は解約日に終了します。

秘密保持契約　2

Non-Disclosure Agreement

第2章
Non-Disclosure Agreement
秘密保持契約

1　概要

秘密保持契約は、情報開示の際に用いられる契約であり、使用頻度も高い契約です。共同研究の検討や技術導入の検討等の連携の初期段階でよく使用されます。相手方がどのような知見や技術を有しているかを確認し、自身の連携目的が達成できそうか否かを検討します。その際には、知見や技術に関する情報を相手方から開示してもらわなければならず、自身も連携目的を開示しなければなりません。ところが、これらの情報は、秘密管理下にあることも多く、そのまま開示したのでは、他者に知れ渡るリスクがあります。このリスクを防ぐため、秘密保持契約を締結して情報を開示します。

秘密保持契約の目的は主に２つあります。

① 情報の秘密保持を義務付けること（秘密保持）

② 情報の目的外の使用を禁止すること（目的外使用の禁止）

秘密保持はよく知られていますが、目的外使用を禁止する目的もあることを知っておいてください。

秘密保持契約

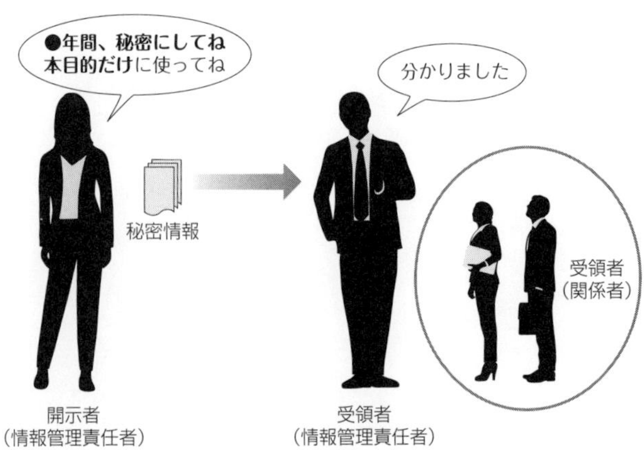

よって、外部に情報を出さなければ何に使ってもよいということではなく、契約が定める目的にのみ情報を使用できます。これにより、安心して相手方に情報を開示でき、また、目的とする検討以外に使用されないことが担保されます。

また、秘密保持や目的外使用の禁止の対象とする情報は何か、すなわち、秘密情報の定義も重要です。開示した全ての情報を対象とすると、闊達(かったつ)な検討を阻害する可能性もあり、必要な範囲に限定することがお互いの目的を達成しやすいこともあります。

さらに、秘密保持や目的外使用の禁止の期間を定めることも多いです。情報の性質や価値を判断して期間を決めます。ただし、重要な情報や長期間の価値が予想される情報は、期間を定めない（永続する）こともあります。

2　重要条文と条文解説

秘密保持契約で重要な条文は、次のとおりです。

（1）秘密情報の定義

秘密保持の対象となる情報（秘密情報）を定義します。秘密情報の範囲は、情報を使用できる自由度に大きく影響します。

（2）本目的の定義

秘密情報を何に使用できるかを定義します。「秘密情報」と「本目的」が、秘密保持契約で最も重要な定義です。この２つの定義は、しっかりチェックしてください。

（3）秘密保持義務と目的外使用の禁止

秘密保持契約の根幹を成す条項です。

（4）有効期間と存続条項

一般的には、「有効期間＋存続条項の期間」が秘密保持期間になります。この期間は、秘密保持と目的外使用の禁止の義務が課されます。

これらを踏まえ、サンプル契約書（pp.23-26）の主要な条文を解説します。

甲、乙両方が、秘密情報の提供者にも受領者にもなり得るケースを想定しています。

サンプル契約書は、次の条項から成り立っています。

前文【重要】
第１条　秘密情報の定義【重要】
第２条　秘密保持義務【重要】
第３条　目的外使用の禁止【重要】
第４条　秘密保持義務の例外
第５条　情報交換
第６条　情報管理責任者
第７条　複製等
第８条　知的財産権
第９条　秘密情報の帰属と非保証
第10条　解除
第11条　有効期間【重要】
第12条　存続条項【重要】
第13条　秘密情報の返却等
第14条　損害賠償
第15条　紛争の解決

前文【重要】

> ●●（以下「甲」という。）と■■（以下「乙」という。）は、『　　　』（以下「本目的」という。）を行うに当たり、双方が開示する秘密情報の取扱いについて、次のとおり契約（以下「本契約」という。）を締結する。

前文では、契約当事者（甲、乙）と秘密情報の開示目的（本目的）を定めています。

本目的で、「秘密情報を使用できる範囲」「何に関する情報を開示すべきか」が定まるため、この記載は大変重要です。契約当事者間で疑義が生じないよう、できるだけ明確に記載してください。

本目的の範囲を超えて秘密情報を使用した場合、目的外使用となります〈目的外使用は契約違反となります（３条)〉。

第１条（秘密情報の定義）【重要】

> 本契約において「秘密情報」とは、本目的の実施に伴い開示当事者（以下「開示者」という。）から受領当事者（以下「受領者」という。）に開示又は提供された情報であって、次の各号のいずれかに該当する技術上又は営業上の情報をいう。
> （1）秘密である旨の表示ができるもの（書面、電子媒体等の有形的なもの）については、開示又は提供時に秘密である旨の表示が付された情報
> （2）口頭開示その他秘密である旨の表示ができないものについては、開示時に秘密情報である旨が受領者に告げられ、かつ、開示後30日以内に当該情報の内容、開示年月日、開示場所を記載した確認書面が交わされた情報
> 2　前項の定めにかかわらず、次の各号のいずれかに該当する情報については秘密情報から除外するものとする。
> （1）開示時に公知であった情報又は開示後に受領者の責によらず公知となった情報
> （2）開示時に既に受領者が保有していた情報
> （3）受領者が正当な権利を有する第三者から秘密保持義務を負うことなく正当に入手した情報
> （4）開示者の秘密情報に依存することなく、受領者が独自に開発した情報
> （5）秘密情報から除外することについて事前に開示者の同意を得た情報

本条は、秘密情報を定義しています。秘密保持義務や目的外使用の禁止義務の対象となる情報を定義するため重要です。なお、秘密情報の定義については、Ｑ＆Ａ１（27ページ）で詳しく説明しています。

（1）第1項

「秘密情報」とは、相手方から開示又は提供された技術上又は営業上の情報であって、下記のいずれかに該当する情報をいいます。

１号	有形的	秘密の旨の明示（「秘密」「confidential」等）
２号	無形的（口頭等開示）	開示時に秘密、30日以内に確認書面

(2) 第2項

本条2項に該当する情報は、1項に該当する情報であっても、秘密情報から除外します（秘密保持義務や目的外使用の禁止義務を負いません。）。秘密情報の除外については、Q＆A2（29ページ）で詳しく説明しています。

第2条（秘密保持義務）【重要】

> 受領者は、秘密情報を厳に秘密として保持し、開示者の書面による事前の承諾なしに、本目的を行う上で開示の必要のある最小限の自己の役員、職員及び従業員（以下「関係者等」という。）以外の者に開示、提供又は漏洩してはならない。
> 2　受領者は、自己の関係者等に対し、本契約で規定されている秘密保持義務と同等の義務を課すものとし、かつ、当該関係者等の秘密保持義務違反について自ら責任を負うものとする。

本条は、秘密保持義務を定めています。

秘密情報は、厳に秘密に保持しなければなりません。「厳に」とありますので、厳しい秘密管理が要求されています。また、開示者の承諾なしに、第三者は当然として、同じ学内や研究室内、社内のメンバーであっても関係者等以外には、開示・提供・漏洩してはなりません。

なお、自己の関係者等が秘密保持義務違反した場合、組織として責任を負います。

第3条（目的外使用の禁止）【重要】

> 受領者は、開示者の書面による事前の承諾なしに秘密情報を本目的以外に使用してはならない。

本条は、目的外使用の禁止を定めています。

受領者は秘密情報を本目的以外に使用してはなりません。

前文の「本目的」と密接に関係します。

第４条（秘密保持義務の例外）

> 受領者は次の各号のいずれかに該当する場合、開示者の事前の承諾なしに秘密情報を開示することができる。
> （１）弁護士、会計士又はこれらに準ずる第三者に対する秘密保持義務を負う者に開示する場合
> （２）官公庁若しくは裁判所の要求又は法令に基づき開示を要求された場合（ただし、受領者は、開示者に対して直ちに当該要求の内容を書面により通知し、かつ、十分な秘密保持の方策を講ずるものとする。）

本条は、秘密保持義務の例外を定めています。

（１）（２）のいずれかに該当する場合、秘密情報であっても例外的に開示できます。ただし、例外的に秘密情報を開示した場合でも、その後も継続して秘密管理する必要があるのでご注意ください（１条２項は、一旦該当すると、その後は秘密情報として扱う必要はありませんが、本条は、特例として開示が認められるだけで、引き続き秘密情報としての管理が必要です。）。

（１）は本契約についてトラブル等が生じたときに専門家に相談するためです。（２）は公的な裏付けに基づき開示を要求されたときに対処するためです。

第５条（情報交換）

> 甲及び乙は、本目的のために必要と自己が判断した範囲で、相手方に対し自己が保有する情報を開示する。
> ２　前項の開示は、次条に定める相手方の情報管理責任者（情報管理責任者が指名した者を含む。）に対して行うものとする。

本条は、情報交換を定めています。

「自己が判断した範囲で」とあるので、どの情報を開示するかは、開示者が決定できます。情報の開示は、相手方の情報管理責任者（又は情報管理責任者が指名した者）に対して開示します。これにより、情報管理責任者が情報を一元的に管理でき、情報の散乱を防ぐことができます（「秘密情報を開示したはず」「いや開示されていない」といったトラブルを避けることができます。）。

第6条（情報管理責任者）

甲及び乙は、自己の情報管理責任者として以下の者を任命する。また、甲及び乙は、情報管理責任者を変更する場合、速やかに書面にて相手方に通知するものとする。

	氏　名	所属・役職
甲：		
乙：		

本条は、情報管理責任者を定めています。

情報管理責任者を規定することで、管理者が明確になり、秘密情報を実効的に管理できます。また、情報管理責任者に意識を促す効果もあります。

情報管理責任者を変更する場合、速やかに書面で相手方に通知しなければなりません。異動の関係で、特定の者を任命するのが難しい場合は、「知的財産部知財管理グループ長」等、役職で特定してください。

第7条（複製等）、第8条（知的財産権）は解説省略

第9条（秘密情報の帰属と非保証）

秘密情報に係る所有権、知的財産権その他一切の権利は開示者が有するものであり、受領者に対する秘密情報の開示により、いかなる権利も、明示的又は黙示的にかかわらず、受領者に譲渡又は許諾されるものではない。

2　全ての情報は「現状のまま」で提供され、開示者は、受領者に対して、その正確性、とりわけ第三者の知的財産権等を侵害していない旨及び受領者の製品等に適合する旨の正確性に関し、いかなる保証も与えるものではない。

3　本契約の締結及び本契約に基づく秘密情報の開示又は受領は、当事者間の将来における共同研究、技術提携、ライセンス、製品の取引等の実現について、何ら確約するものではない。また、本契約を遵守した上で、甲及び乙は、現在又は将来において当事者間で行われる取引と同様又は類似の取引を、第三者と行うことについて制限されるものではない。

本条は、秘密情報の帰属及び秘密情報の非保証を定めています。

（1）第1項

秘密情報に関する一切の権利は開示者に帰属します。秘密情報を開示したからといって、知的財産権の移転や実施許諾が生ずるわけではなく、本契約で認められた範囲で秘密情報を使用できるということにとどまります。秘密保持契約の定型的な条項です。

（2）第2項

秘密情報の非保証について規定しています。これも定型的な条項です。

（3）第3項

秘密情報の開示や受領をしたからといって、関係する取引（共同研究など）を確約するものではありません。また、本目的と同様又は類似のことを第三者と行うことも問題ありません（本目的と同じ検討を第三者と行うことができます。）。ただし、相手方の秘密情報を、第三者に開示したり、第三者との検討に使用したりしてはなりません。これも定型的な条項です。

第10条（解除）は解説省略

第11条（有効期間）【重要】

本契約は、○○年○○月○○日から○○年○○月○○日まで有効とする。ただし、甲乙合意の上、本契約の期間を延長することができる。

本条は、契約の有効期間を定めています。

有効期間は、本目的を行う期間となります（この期間、両当事者は情報を開示し、本目的を行います。）。秘密保持期間や目的外使用の禁止期間は「有効期間+存続期間」で計算します。

第12条（存続条項）【重要】

本契約が終了した場合においても、第２条、第３条、第４条及び第８条については、本契約終了日から３年間有効に存続し、第９条、第13条、第14条及び第15条については、本契約終了後も有効に存続する。

本条は、存続条項を定めています。

契約が終了した場合においても、これらの条項については、一定期間存続します。

２条（秘密保持義務）、３条（目的外使用の禁止）、４条（秘密保持義務の例外）、８条（知的財産権）は、本契約終了後も３年間有効となります（２条、３条が、秘密保持期間と目的外使用の禁止期間に関係します。）。

この期間は、以下を遵守してください。

・秘密情報を秘密に保持すること

・秘密情報を本目的以外に使用しないこと

・秘密情報に基づく特許出願等する場合は、開示者に連絡すること

第13条（秘密情報の返却等）

受領者は、本契約が終了した場合又は開示者からの要請があった場合、秘密情報を開示者に返却若しくは廃棄又は開示者の指示に従い処分するものとする。廃棄した場合は、廃棄したことを証する書面を開示者に提出するものとする。

本条は、秘密情報の返却等を定めています。

本契約が終了した場合や開示者から要請があった場合は、秘密情報を返却、廃棄又は開示者の指示に従って処分してください。廃棄の場合は、廃棄した証明書を提出する必要があります。

秘密情報を手元に残しておくと漏洩する危険性が高まります。また、秘密情報は本目的以外に使用できないため、手元に残しておいても自己の研究などに使用できるわけではなく、メリットはありません。

第14条（損害賠償）、第15条（紛争の解決） は解説省略

サンプル契約書

秘密保持契約書

●●（以下「甲」という。）と■■（以下「乙」という。）は、『　　　』（以下「本目的」という。）を行うに当たり、双方が開示する秘密情報の取扱いについて、次のとおり契約（以下「本契約」という。）を締結する。

（秘密情報の定義）

第１条　本契約において「秘密情報」とは、本目的の実施に伴い開示当事者（以下「開示者」という。）から受領当事者（以下「受領者」という。）に開示又は提供された情報であって、次の各号のいずれかに該当する技術上又は営業上の情報をいう。

（１）秘密である旨の表示ができるもの（書面、電子媒体等の有形的なもの）については、開示又は提供時に秘密である旨の表示が付された情報

（２）口頭開示その他秘密である旨の表示ができないものについては、開示時に秘密情報である旨が受領者に告げられ、かつ、開示後30日以内に当該情報の内容、開示年月日、開示場所を記載した確認書面が交わされた情報

２　前項の定めにかかわらず、次の各号のいずれかに該当する情報については秘密情報から除外するものとする。

（１）開示時に公知であった情報又は開示後に受領者の責によらず公知となった情報

（２）開示時に既に受領者が保有していた情報

（３）受領者が正当な権利を有する第三者から秘密保持義務を負うことなく正当に入手した情報

（４）開示者の秘密情報に依存することなく、受領者が独自に開発した情報

（５）秘密情報から除外することについて事前に開示者の同意を得た情報

（秘密保持義務）

第２条　受領者は、秘密情報を厳に秘密として保持し、開示者の書面による事前の承諾なしに、本目的を行う上で開示の必要のある最小限の自己の役員、職員及び従業員（以下「関係者等」という。）以外の者に開示、提供又は漏洩してはならない。

２　受領者は、自己の関係者等に対し、本契約で規定されている秘密保持義務と同等の義務を課すものとし、かつ、当該関係者等の秘密保持義務違反について自ら責任を負うものとする。

（目的外使用の禁止）
第３条　受領者は、開示者の書面による事前の承諾なしに秘密情報を本目的以外に使用してはならない。

（秘密保持義務の例外）
第４条　受領者は次の各号のいずれかに該当する場合、開示者の事前の承諾なしに秘密情報を開示することができる。
（１）弁護士、会計士又はこれらに準ずる第三者に対する秘密保持義務を負う者に開示する場合
（２）官公庁若しくは裁判所の要求又は法令に基づき開示を要求された場合（ただし、受領者は、開示者に対して直ちに当該要求の内容を書面により通知し、かつ、十分な秘密保持の方策を講ずるものとする。）

（情報交換）
第５条　甲及び乙は、本目的のために必要と自己が判断した範囲で、相手方に対し自己が保有する情報を開示する。
２　前項の開示は、次条に定める相手方の情報管理責任者（情報管理責任者が指名した者を含む。）に対して行うものとする。

（情報管理責任者）
第６条　甲及び乙は、自己の情報管理責任者として以下の者を任命する。また、甲及び乙は、情報管理責任者を変更する場合、速やかに書面にて相手方に通知するものとする。

	氏　名	所属・役職
甲：		
乙：		

（複製等）

第７条　受領者は、本目的に必要な範囲で、開示者から開示を受けた秘密情報を複写又は複製することができる。

２　複写又は複製した情報についても、秘密情報として本契約の対象とする。

（知的財産権）

第８条　受領者は、開示者の秘密情報に基づきなした発明、考案、意匠、著作物等について知的財産権の出願又は登録申請を行うときは、事前に開示者に書面でその旨を通知し、権利の帰属、出願又は登録申請の内容その他必要な事項について、開示者と協議し決定する。

（秘密情報の帰属と非保証）

第９条　秘密情報に係る所有権、知的財産権その他一切の権利は開示者が有するものであり、受領者に対する秘密情報の開示により、いかなる権利も、明示的又は黙示的にかかわらず、受領者に譲渡又は許諾されるものではない。

２　全ての情報は「現状のまま」で提供され、開示者は、受領者に対して、その正確性、とりわけ第三者の知的財産権等を侵害していない旨及び受領者の製品等に適合する旨の正確性に関し、いかなる保証も与えるものではない。

３　本契約の締結及び本契約に基づく秘密情報の開示又は受領は、当事者間の将来における共同研究、技術提携、ライセンス、製品の取引等の実現について、何ら確約するものではない。また、本契約を遵守した上で、甲及び乙は、現在又は将来において当事者間で行われる取引と同様又は類似の取引を、第三者と行うことについて制限されるものではない。

（解除）

第10条　甲及び乙は、相手方が本契約の条項の一に違反した場合は、相手方への通知によって本契約を直ちに解除することができる。

（有効期間）

第11条　本契約は、○○年○○月○○日から○○年○○月○○日まで有効とする。ただし、甲乙合意の上、本契約の期間を延長することができる。

（存続条項）
第12条　本契約が終了した場合においても、第２条、第３条、第４条及び第８条については、本契約終了日から３年間有効に存続し、第９条、第13条、第14条及び第15条については、本契約終了後も有効に存続する。

（秘密情報の返却等）
第13条　受領者は、本契約が終了した場合又は開示者からの要請があった場合、秘密情報を開示者に返却若しくは廃棄又は開示者の指示に従い処分するものとする。廃棄した場合は、廃棄したことを証する書面を開示者に提出するものとする。

（損害賠償）
第14条　甲及び乙は、故意又は過失により相手方に損害を与えた場合、損害賠償責任を負わなければならない。

（紛争の解決）
第15条　本契約に関連し、両当事者間で疑義、相違、又は紛争が発生した場合、両当事者は信義誠実の原則に従い、相互の協議によりこれを解決する。
２　本契約は、日本法に準拠し、同法に従って解釈される。
３　本契約に関する紛争については、被告の所在地を管轄する地方裁判所を第一審の専属的合意管轄裁判所とする。

本契約の締結を証するため、本契約書２通を作成し、甲乙それぞれ記名押印の上、各１通を保管する。

○○年○○月○○日

（甲）
（乙）

3 Q&A

Q1：秘密情報の定義にはどのようなものがありますか？

A1：

	全ての情報	秘密指定した情報	具体的な定義
メリット	情報の開示に気を使わなくてよい（秘密指定忘れがない。）。	簡便な方法で秘密情報を特定できる。 管理しやすい。	秘密情報が明確 情報のコンタミネーションが生じにくい。
デメリット	管理対象が不明確 管理負担が重い。 トラブルになりやすい。	自己所有情報と似た情報が秘密扱いになる可能性がある（情報のコンタミネーション）。	具体的に特定することが難しいケースがある。 秘密情報漏れが生ずる可能性がある。

秘密情報の定義は、全ての情報を秘密情報とする、秘密指定した情報を秘密情報とする、秘密情報を具体的に定義するの３通りが考えられます。それぞれにメリット、デメリットがあります。

１つ目の「全ての情報を秘密情報とする」ですが、メリットは情報の開示に気を使わなくてよいことです。「秘密指定を忘れたから秘密情報の対象とならない、どうしよう」ということにはならないので、開示者は楽です。ただし、デメリットとして、全てが秘密情報になるので管理対象が不明確になり、受領者は管理負担が重くなります。口頭開示も含め全てが秘密情報になり、この管理はとても大変です。開示者も何を話したか覚えていないことも多く、受領者も何を聞いたか覚えていないことはよくあります。

ですが、全て秘密情報扱いなので他者に漏らすことはできません。他者に漏らした情報について、開示者は「自分が話したことだ」といい、受領者は「違う人から聞いたことだ」など、トラブルが起きる可能性も高くなります。よって、「全ての情報を秘密情報とする」ことはお勧めしません。

２つ目の「秘密指定した情報を秘密情報とする」は、よく使われます。メリットは、簡便な方法で秘密情報を特定でき、管理対象もはっきりするため管理がしやすいことです。デメリットは秘密指定さえすれば秘密情報となるため、秘密情報と受領者の所有の情報が混在し（情報のコンタミネーションといいます。）、受領者の所有の情報が自由に使えなくなる可能性があります。これについてはＱ２で詳しく説明します。

３つ目の「秘密情報を具体的に定義する」ですが、これが可能であれば一番良い方法です。秘密情報が明確になり、受領者の情報のコンタミネーションも生じにくく、非常に良い方法です。ただし、デメリットとして、具体的に特定することが難しいケースも多く、また、当初は想定していなかった情報を提供することもあります。具体的な定義から外れた情報は秘密情報として扱われず（秘密情報漏れ）、受領者は自由に第三者に開示でき使用の制限も課されません。

【参考条文】

全ての情報

「秘密情報」とは、本目的に伴い相手方から開示又は提供された全ての情報をいう。

秘密指定した情報

「秘密情報」とは、本目的の実施に伴い開示当事者（以下「開示者」という。）から受領当事者（以下「受領者」という。）に開示又は提供された情報であって、次の各号のいずれかに該当する技術上又は営業上の情報をいう。

（１）秘密である旨の表示ができるもの（書面、電子媒体等の有形的なもの）については、開示又は提供時に秘密である旨の表示が付された情報

（２）口頭開示その他秘密である旨の表示ができないものについては、開示時に秘密情報である旨が受領者に告げられ、かつ、開示後30日以内に当該情報の内容、開示年月日、開示場所を記載した確認書面が交わされた情報

具体的な定義

「甲の秘密情報」とは、下記のいずれかに該当する情報をいう。

（1）・・・

（2）・・・

「乙の秘密情報」とは、下記のいずれかに該当する情報をいう。

（1）・・・

（2）・・・

Q2：秘密情報の除外について、気をつけることを教えてください。

A2：

秘密情報の除外として、「既に自己が所有していた情報」や「秘密情報に依存することなく独自に開発した情報」を記載することが多いです。これらは、文言上は問題ありませんが、現実的にこれらを証明するのは困難です。秘密情報が開示されたときに既に所有していたことを証明できない場合、開示者から「開示者の秘密情報で知ったに違いない」と言われ、トラブルになります。

このようなトラブルを避けるための有力な方法の一つがラボノートです。よって、研究者にはラボノートを付けるよう啓発してください。ラボノートのほか、公証役場での承認、配達証明、電子的なタイムスタンプによる証明等も考えられます。また、開示時の工夫として、開示時にワンステップ入れる方法（どのような情報かを確認してから開示を受ける。）や開示禁止情報を定める方法があります。

【参考条文】

ワンステップ開示

甲及び乙は、秘密情報の開示に先立ち、秘密情報を含まない情報によりその概要を相手方に説明し、相手方が当該概要を確認の上で受領意思を伝えた場合、その後、秘密情報の開示を行うものとする。

開示禁止情報

甲及び乙は、次の各号に関する情報を相手方に開示又は提供しないものとする。万一、当該情報が開示又は提供された場合は、秘密情報として取り扱われず、本契約に定める義務を負わないものとする。

（１）・・・に関する情報

（２）・・・に関する情報

・・・

Q3：秘密保持契約の履行について注意することを教えてください。

A3：

秘密保持契約を締結しても適切な履行がなされなければ意味がありません（債務不履行として法的責任を負う可能性もあります。）。

以下、秘密情報の開示者としての注意点、受領者としての注意点を示します。

（1）開示者としての注意点

・秘密情報を開示するときは「秘密」「confidential」等を明示する。

・口頭等で開示したときは、その後●日以内に書面で秘密情報を確認する。

・秘密情報は相手方の情報管理責任者に開示する。

（2）受領者としての注意点

・秘密情報を本目的以外に使用しない。

・秘密情報を第三者に開示しない。また、学内関係者であっても、本目的に関係しない者には開示しない（たとえ研究室のメンバーであっても、本目的に関係しない者には開示しない。）。

・秘密情報は厳重に管理する（「アクセスできる者を制限する。ＩＤ・パスワードを設定し管理する。他の情報と区別して管理する」等）。

・必要以上に複製・複写しない。

・秘密情報に関連した特許を出願する場合、開示者に連絡する。
・秘密情報が記載された書面や電子媒体は、本目的終了後は開示者に返却、廃棄又は開示者の指示に従い処分する。
※保存しておいても本目的以外の使用は禁止されているためメリットはありません。
・可能な限り秘密情報の開示を受けない〈自己が既に所有していた情報と内容が混在する可能性があり、既に所有していた情報について自由に使えなくなる可能性があります（「既に所有していた」ことの証明は非常に困難です。)〉。開示者が「秘密情報を開示したい」と言ってきたら、「どんな内容ですか？」と問い合わせ、混在しそうであれば開示を断ることも大切です。
・秘密保持義務は、契約終了後●年間続きます。

コラム１　**交渉**

「仁に過ぎれば弱くなる。義に過ぎれば固くなる」

これは、伊達政宗の五常訓の一節です。私は、交渉の極意だと思っています。交渉は、論理的に筋道を立てて行うことが前提です。ただし、理屈の点では正しくても、相手方が合意してくれるとは限りません。理屈を押し通せば、感情的になり、合意から遠ざかることはよくあります。そうかと言って始めから相手方に同情し、譲歩し過ぎることもよくありません。正に、“義”も“仁”も過ぎればダメなのです。

交渉では、理屈と同時に落としどころを探ることも必要です。

ちなみに、五常とは、儒教の基本的な５つの徳目を指しています。残り３つの徳目も非常に興味深いです。

ぜひ、ご自身で確認してみてください。

有体物提供契約（MTA）

3

Material Transfer Agreement

第3章 Material Transfer Agreement 有体物提供契約（MTA）

1　概要

有体物提供契約（MTA：Material Transfer Agreement）は、研究成果としての有体物を提供する際に用いられる契約です。有体物として、実験動物、遺伝子、化合物、微生物、細胞、抗体、材料等、様々なものが考えられます。また、これらの例からも分かるように、主にライフサイエンス分野、化学分野、材料分野で使用されている契約です。

有体物には、汎用品として購入できるものもあれば、特別に提供してもらわないと手に入らないものもあります。本章は、汎用品ではなく、大学等が所有する有体物を企業等に提供する有体物提供契約を対象としています。

有体物提供契約は、秘密保持契約と似ている部分が多いですが、前者は有体物を対象とし、後者は無体物（情報）を対象とします。有体物を対象とすることから、提供方法や管理について物理的な視点での検討が必要です。

有体物提供契約

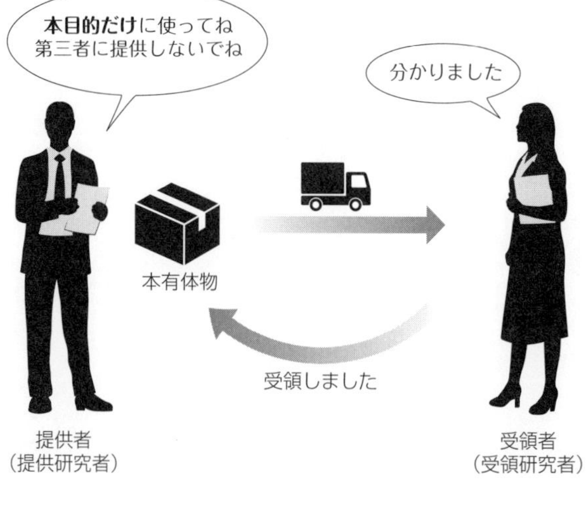
本目的だけに使ってね
第三者に提供しないでね
分かりました
本有体物
受領しました
提供者
（提供研究者）
受領者
（受領研究者）

また、所有権という権利も生じます。さらに、有体物の作成には労力や費用がかかることがあり、この点も考慮すべきです。このようなことから、秘密保持契約では定めない事項が有体物提供契約では必要になります。

2　重要条文と条文解説

有体物提供契約で重要な条文は、次のとおりです。

（1）本有体物の提供

本契約で対象となる有体物（本有体物）の提供方法を定めます。どのような方法で提供するか、本有体物の提供数量をどうするか、本有体物が適切に届かなかった場合どうするか、などを決めます。

（2）本対価

無償か有償か、また、有償の場合の金額を定めます。「（1）本有体物の提供」条項と対を成す条項です。

（3）使用

本有体物の使用目的の記載が特に重要です。秘密保持契約の「本目的」に相当します。また、本有体物の解析や改変の可否も重要です。

（4）本成果の取扱い等

本有体物を使用して得られた成果（本成果）の帰属、取扱い、公表等を定めます。また、本成果には改変物も含まれます。提供者としては、本有体物の提供の貢献を認めさせたいところですが、受領者としては、この条項による制限が大きいと、本有体物の提供を受ける意味がなくなります。

これらを踏まえ、サンプル契約書（pp.45-50）の主要な条文を解説します。
甲が本有体物の提供者、乙が本有体物の受領者とします。
サンプル契約書は、次の条項から成り立っています。

第１条　定義
第２条　本有体物の提供【重要】
第３条　本対価【重要】
第４条　支払

第１条（定義）

本契約において、次の各号に掲げる用語の意義は、当該各号の定めるところによる。
（1）「本有体物」とは、本契約により提供される有体物であって、別紙の項目表第１項に定めるものをいう。
（2）「本技術情報」とは、甲が乙に秘密の旨を明示して提供又は開示した本有体物に関連する技術的な情報をいう。なお、口頭等で情報を開示した場合には、開示時に秘密の旨を告げ、開示日から30日以内に書面にて特定した情報とする。
（3）「提供研究者」とは、本有体物を提供する研究者をいい、別紙の項目表第５項に定める。
（4）「受領研究者」とは、本有体物を受領し、適切な管理を行う責任者をいい、別紙の項目表第６項に定める。

本条は、本契約において使用される用語を定義しています。

（1）第1号

「本有体物」とは、別紙の項目表１項に記載したものをいいます。有体物の名称を記載します。

（2）第2号

「本技術情報」とは、甲が乙に秘密の旨を明示し、開示又は提供した本有体物に関連する技術的な情報です。乙は、本技術情報について秘密保持義務を負います。

（3）第3号

「提供研究者」とは、本有体物を提供する研究者をいいます。別紙の項目表5項に記載します。本有体物の実質的な提供者、作成者を特定し、本契約の実効性を担保します。また、謝辞等で提供研究者が記載されることもあります（8条3項）。

（4）第4号

「受領研究者」とは、本有体物を受領する研究者をいいます。別紙の項目表6項に記載します。本有体物の実質的な受領者、管理者を特定し、本契約の実効性を担保します。

第2条（本有体物の提供）【重要】

甲は、本契約締結後、本有体物を乙に提供する。当該提供は、提供研究者から受領研究者に対してなされる。

2 甲は、以下に従い、本有体物の提供を行う。

（1）提供する本有体物の数量：別紙の項目表第2項に定める数量

（2）梱包及び運送等に要する費用：乙が負担する

3 本有体物を量にて提供する場合、前項に定める数量の5％以内の誤差の量については、前項に定める量が提供されたものとみなす。

4 甲は、本有体物の輸送等において本有体物が病症、死傷、品質劣化等した場合であってもいかなる責任も負わないものとするが、代替品の提供が可能な場合、可能な範囲で乙に代替品を提供する。

5 第2回目以降の提供については、必要に応じて甲乙協議する。ただし、提供を行うか否かは甲が決定できる。

6 乙は、本有体物を受領したときは、甲に対して受領書を提出する。ただし、乙は、甲が認めた場合、受領書の提出に代えて電子メール等で受領の旨を回答できる。

7 乙は、本有体物に係る所有権及び知的財産権等の一切の権利について、本契約に定める場合を除き、明示的又は黙示的にかかわらず、乙に譲渡又は許諾されるものではないことを了承する。

本条は、本有体物の提供を定めています。

(1) 第1項

本契約の締結後、本有体物を乙に提供します。提供は、提供研究者から受領研究者に対してなされます。提供時期は契約書には明記していないので、両研究者で調整します。

(2) 第2項

本有体物の提供数量は別紙の項目表２項に記載します。

梱包や輸送等に必要な実費は乙が負担します。

また、有体物によっては作成自体に費用がかかることもあります。これについては、本対価に含む場合もあれば、本対価とは別に乙が負担することもあります。

(3) 第3項

本有体物が量で提供される場合、誤差が生ずる可能性があります。よって、５％以内の誤差は適切に提供されたとみなすことにしています。

(4) 第4項

本有体物は輸送等中に病症、死傷、品質劣化等することがありますが、甲は責任を負わないものとします。よって、代替品の提供義務はありませんが、公平性の観点から、代替品の提供が可能な場合は可能な範囲で代替品を提供します。

乙は、これらの問題を防ぐため、保険を掛けることや、専門的な業者に輸送等を依頼することがあります。この場合の費用は、乙が負担します（本条２項）。

(5) 第5項

第２回目以降の提供は協議となります。ただし、無理な提供を強要されないよう、提供を行うか否かは甲が判断できます。

(6) 第6項

乙は、本有体物を受領した場合、受領書を提出します。受領の確認のためです。また、書面での提出は煩雑さを伴うため、甲が認めれば電子メール等でも代替できます。

（7）第7項

本有体物の提供によって、所有権や知的財産権等の権利が乙に譲渡又は許諾されるわけではありません。特に所有権が移転しないことに注意が必要です。乙に対しては、本有体物の一時的な貸与と考えられます（ただし、使用による消費を認める。）。ゆえに、残量については、返却等の義務を負います（9条）。

第3条（本対価）【重要】

> 乙は、本有体物の提供の対価（以下「本対価」という。）として別紙の項目表第3項に定める額を、次条に従い、甲に支払わなければならない。

本条は、本有体物の提供の対価を定めています。企業に対しては有償（研究目的では無償のケースもある）、非営利の研究機関に対しては無償が多いと思われます。

第4条（支払）

> 甲は、本契約締結後、本対価に関する請求書を発行する。
> 2　乙は、請求書受理後、以下に掲げる事項に従い本対価を支払わなければならない。
> （1）甲の請求書発行日から起算して30日（当該期限の最終日が土、日又は祝日に該当する場合はその翌営業日までとする。以下「支払期限」という。）以内に支払う。
> （2）本対価に消費税及び地方消費税を加算した額を支払う。
> （3）全額を一括払にて支払う。
> （4）甲の指定する銀行口座への振り込みにて支払う。
> （5）乙にて振込手数料を負担する。
> 3　乙は、支払期限までに本対価の支払を行わない場合、支払期限の翌日から支払日までの日数に応じ、その未払額に年3％の割合で計算した延滞金を遅延損害金として支払わなければならない。
> 4　甲は、支払済みの本対価について、理由のいかんを問わず乙に返還する義務を負わない。

本条は、対価の支払を定めています。

（1）第1項

契約締結後、本対価の請求書を発行します。甲の請求書発行が支払処理の契機になります。

（2）第2項

請求書受理後、１号から５号に従い支払処理がなされます。

（3）第3項

支払期限までに本対価を支払わない場合、未払額について年３％の遅延金を支払わなければなりません。料率は民法の法定利率（年３％）に合わせています。

（4）第4項

支払済みの対価について返還義務を負いません。

第５条（使用）【重要】

> 乙は、本有体物を、別紙の項目表第４項に定める使用目的（以下「本目的」という。）にのみ使用するものとし、他の目的に使用してはならない。
>
> 2　乙は、甲の書面による事前の承諾なく、本有体物を第三者に開示若しくは提供し、又は第三者に使用させてはならない。
>
> 3　乙は、本有体物をヒトに直接又は間接的に使用（臨床試験、治療、診療、飲食物、その他の方法を含むが、これに限らない。）してはならない。
>
> 4　乙は、関連する法令及びガイドラインで認められる範囲で、本有体物を使用しなければならない。
>
> 5　乙は、本目的に必要な範囲内で本有体物の培養、増殖、複製等（以下「培養等」という。）を行うことができる。なお、培養等した本有体物についても、本有体物として取り扱うものとする。
>
> 6　乙は、甲の事前の承諾を得た上で、本目的に必要な範囲内で本有体物の改変、交配、変更等（以下「改変等」という。）を行うことができる。
>
> 7　乙は、甲が求めた場合、本有体物の使用状況について甲に報告しなければならない。

本条は、本有体物の使用を定めています。

(1) 第1項

乙は、別紙の項目表4項の使用目的にのみ本有体物を使用できます。

使用目的の記載は大変重要です。この記載が曖昧なために、想定外の用途に使われたり、使用について異議を唱えられたり、といったトラブルが生ずることもあります。

(2) 第2項

乙は、甲の書面による事前の承諾なく、本有体物を第三者に開示、提供してはなりません。また、第三者に使用させてもいけません。ただし、前項の使用目的に第三者の使用が含まれている場合、甲の承諾を得ていると考え、使用させることができます。

(3) 第3項

本有体物を直接又は間接的にヒトに使用してはなりません。ヒトに使用する場合、臨床試験（治験）の申請等、別途の手続が必要であり、本契約のみで使用を許可できません。

(4) 第4項

乙は、本有体物の使用に際し、関連法令やガイドラインを遵守しなければなりません。本項は確認的な記載です。

(5) 第5項

乙は、本目的に必要な範囲内で本有体物を培養等できます。培養等とは、培養、増殖、複製等、本有体物と同種・同性質のものを増やす行為です。よって、培養等したものも本有体物として取り扱います。

(6) 第6項

乙は、甲の事前の承諾を得た上で、本目的に必要な範囲内で本有体物を改変等できます。改変等とは、改変、交配、変更等、本有体物に何らかの処置を加えて性質等が異なる物を創出する行為です。なお、甲の承諾は、「書面で」と限定していないので、メール等でも可能です。利便性を考慮したものです。

(7) 第7項

乙は、甲が求めた場合、本有体物の使用状況を報告しなければなりません。使用状況を甲が把握するためです。

第6条（免責）

本有体物は、甲の研究過程において得られたものであり、その本質において実験的又は研究的な性格を有するおそれがある。ゆえに、甲は、乙に対し、本有体物について、品質、乙の商品等への適合性、技術的な有効性、第三者の権利の非侵害性等について何ら保証せず、いかなる責任も負わないものとする。

本条は、免責を定めています。

本有体物は、研究成果であり、品質保証されていません。よって、本条で免責しています。

第7条（秘密保持）は解説省略

第8条（本成果の取扱い等）【重要】

乙は、本有体物を使用した成果（第5条第6項の本有体物の改変等物を含む。以下「本成果」という。）について、成果報告書として甲に報告しなければならない。 2　本成果に係る権利は、乙に帰属する。甲は、本成果を自己の教育又は研究目的で、無償で使用することができる。また、乙は、本成果が有形的な物の場合、甲が必要とする量（乙が合理的な労力で提供可能な量に限る。）を無償で甲に提供する。 3　乙は、本成果を学会又は論文等により公表する場合、事前に提供研究者に公表内容を通知しなければならない。また、乙は、提供研究者が求めた場合、提供研究者が本有体物を提供した旨等の提供研究者が指示する内容を公表資料及び論文等に記載しなければならない。 4　乙は、本成果を商業的な用途で使用する場合、その旨を甲に通知し、使用条件について甲乙協議し決定する。 5　甲及び乙は、第2項の定めにかかわらず、本有体物に係る権利は甲に帰属することを確認する。

本条は、本成果の取扱いを定めています。

(1) 第1項

乙は、本有体物を使用した成果（本成果）を、成果報告書として甲に報告しなければなりません。単なる通知ではなく、報告書を要求しています。実務的には、成果報告書の代替として公表予定の論文等を提出することも考えられます。５条６項により本有体物の改変等物を作成した場合、その情報も含めて報告します。

（2）第2項

本成果に係る権利は乙に帰属します。ただし、甲は、自己の教育・研究目的で、無償で使用できます。甲は、本有体物の提供の貢献があるので、無償使用できるとしています。また、本成果が有形的なものの場合、乙から当該物の提供がないと使用できないため、乙が合理的な労力で提供するようにしています。

本成果に係る権利は「甲乙共有」ということも考えられるので、それぞれのポリシーに合わせて修正してください。

（3）第3項

乙は、本成果を学会や論文等で公表する場合は、提供研究者に通知しなければなりません。提供研究者に対し、公表内容の確認や本有体物提供の貢献の表記の機会を与えるためです。乙は、提供研究者が要求した場合、提供研究者が本有体物を提供した旨等の提供研究者が指示する内容を記載しなければなりません。提供研究者の貢献を明示するためです（謝辞等を記載することが多く見られます。）。

（4）第4項

乙が本成果を商業的な用途で使用する場合、使用条件を協議します。商業的な用途の使用については使用料が発生する可能性があるので、本項を設けています。

（5）第5項

本成果は乙に帰属しますが、本有体物に係る権利は甲に帰属します（２条７項）。確認的な記載です。

第９条（契約終了時の義務）

乙は、本契約が終了した場合（本契約の解約又は解除を含む。）、速やかに、以下に掲げる処理を行わなければならない。
（1）本有体物の使用を中止する。
（2）本有体物の残留分（第5条第5項により本有体物を培養等した場合、これらの物を含む。）を返却、廃棄又は甲の指示に従い処分する。甲が求めた場合、廃棄等の証明書を提出する。
（3）本技術情報を返却、廃棄又は甲の指示に従い処分する。甲が求めた場合、廃棄等の証明書を提出する。

本条は、契約終了時の乙の義務を定めています。

本契約の終了には、本契約が解約・解除された場合が含まれます。括弧書は確認的な記載であり、括弧書がなくとも、解約・解除された場合は含まれると解釈されます。

（1）第1号

乙は、本契約の終了により使用許諾がなくなるため、当然に本有体物の使用を中止しなければなりません。

（2）第2号

乙は、本有体物の残留分を返却、廃棄、又は甲の指示に従い処分しなければなりません。本有体物を培養等した場合、これらのものも同様の扱いとなります。返却以外の処理について甲は実態を確認できないので、甲が求めた場合は廃棄等の証明書を提出します。

（3）第3号

本技術情報について、本有体物と同様の処分を行わなければなりません。

第10条（解除）、第11条（有効期間）、第12条（存続条項）、第13条（損害賠償）、第14条（紛争の解決）は解説省略

サンプル契約書

有体物提供契約書

●●（以下「甲」という。）と■■（以下「乙」という。）は、甲が研究成果として所有している有体物を乙に提供するに当たり、次のとおり契約（以下「本契約」という。）を締結する。

（定義）

第１条　本契約において、次の各号に掲げる用語の意義は、当該各号の定めるところによる。

（１）「本有体物」とは、本契約により提供される有体物であって、別紙の項目表第１項に定めるものをいう。

（２）「本技術情報」とは、甲が乙に秘密の旨を明示して提供又は開示した本有体物に関連する技術的な情報をいう。なお、口頭等で情報を開示した場合には、開示時に秘密の旨を告げ、開示日から30日以内に書面にて特定した情報とする。

（３）「提供研究者」とは、本有体物を提供する研究者をいい、別紙の項目表第５項に定める。

（４）「受領研究者」とは、本有体物を受領し、適切な管理を行う責任者をいい、別紙の項目表第６項に定める。

（本有体物の提供）

第２条　甲は、本契約締結後、本有体物を乙に提供する。当該提供は、提供研究者から受領研究者に対してなされる。

２　甲は、以下に従い、本有体物の提供を行う。

（１）提供する本有体物の数量：別紙の項目表第２項に定める数量

（２）梱包及び運送等に要する費用：乙が負担する

３　本有体物を量にて提供する場合、前項に定める数量の５％以内の誤差の量については、前項に定める量が提供されたものとみなす。

４　甲は、本有体物の輸送等において本有体物が病症、死傷、品質劣化等した場合であってもいかなる責任も負わないものとするが、代替品の提供が可能な場合、可能な範囲で乙に代替品を提供する。

5　第2回目以降の提供については、必要に応じて甲乙協議する。ただし、提供を行うか否かは甲が決定できる。
6　乙は、本有体物を受領したときは、甲に対して受領書を提出する。ただし、乙は、甲が認めた場合、受領書の提出に代えて電子メール等で受領の旨を回答できる。
7　乙は、本有体物に係る所有権及び知的財産権等の一切の権利について、本契約に定める場合を除き、明示的又は黙示的にかかわらず、乙に譲渡又は許諾されるものではないことを了承する。

（本対価）
第3条　乙は、本有体物の提供の対価（以下「本対価」という。）として別紙の項目表第3項に定める額を、次条に従い、甲に支払わなければならない。

（支払）
第4条　甲は、本契約締結後、本対価に関する請求書を発行する。
2　乙は、請求書受理後、以下に掲げる事項に従い本対価を支払わなければならない。
（1）甲の請求書発行日から起算して30日（当該期限の最終日が土、日又は祝日に該当する場合はその翌営業日までとする。以下「支払期限」という。）以内に支払う。
（2）本対価に消費税及び地方消費税を加算した額を支払う。
（3）全額を一括払にて支払う。
（4）甲の指定する銀行口座への振り込みにて支払う。
（5）乙にて振込手数料を負担する。
3　乙は、支払期限までに本対価の支払を行わない場合、支払期限の翌日から支払日までの日数に応じ、その未払額に年3％の割合で計算した延滞金を遅延損害金として支払わなければならない。
4　甲は、支払済みの本対価について、理由のいかんを問わず乙に返還する義務を負わない。

（使用）
第5条　乙は、本有体物を、別紙の項目表第4項に定める使用目的（以下「本目的」という。）にのみ使用するものとし、他の目的に使用してはならない。

2　乙は、甲の書面による事前の承諾なく、本有体物を第三者に開示若しくは提供し、又は第三者に使用させてはならない。
3　乙は、本有体物をヒトに直接又は間接的に使用（臨床試験、治療、診療、飲食物、その他の方法を含むが、これに限らない。）してはならない。
4　乙は、関連する法令及びガイドラインで認められる範囲で、本有体物を使用しなければならない。
5　乙は、本目的に必要な範囲内で本有体物の培養、増殖、複製等（以下「培養等」という。）を行うことができる。なお、培養等した本有体物についても、本有体物として取り扱うものとする。
6　乙は、甲の事前の承諾を得た上で、本目的に必要な範囲内で本有体物の改変、交配、変更等（以下「改変等」という。）を行うことができる。
7　乙は、甲が求めた場合、本有体物の使用状況について甲に報告しなければならない。

（免責）
第６条　本有体物は、甲の研究過程において得られたものであり、その本質において実験的又は研究的な性格を有するおそれがある。ゆえに、甲は、乙に対し、本有体物について、品質、乙の商品等への適合性、技術的な有効性、第三者の権利の非侵害性等について何ら保証せず、いかなる責任も負わないものとする。

（秘密保持）
第７条　乙は、本技術情報について、甲の事前の書面による承諾なく第三者に開示又は提供してはならず、善良なる管理者の注意をもって管理しなければならない。また、本契約の履行以外の目的で本技術情報を使用してはならない。ただし、以下に掲げる事項のいずれかに該当するものについてはこの限りではない。
（１）知得時点で既に公知であったもの
（２）乙の責によらず公知となったもの
（３）知得時点で既に乙が保有し、かつ、その事実を証明できるもの
（４）乙が正当な権利を有する第三者より秘密保持義務を負うことなく開示されたもので、その事実を証明できるもの
（５）本技術情報によることなく乙が独自に開発したもの
2　乙は、法令又は規則等に基づき裁判所又は監督官庁等から本技術情報の開示を要求された場合、事前に甲に通知した上で、必要最小限の情報に限り開示す

ることができる。

（本成果の取扱い等）

第８条　乙は、本有体物を使用した成果（第５条第６項の本有体物の改変等物を含む。以下「本成果」という。）について、成果報告書として甲に報告しなければならない。

2　本成果に係る権利は、乙に帰属する。甲は、本成果を自己の教育又は研究目的で、無償で使用することができる。また、乙は、本成果が有形的なものの場合、甲が必要とする量（乙が合理的な労力で提供可能な量に限る。）を無償で甲に提供する。

3　乙は、本成果を学会又は論文等により公表する場合、事前に提供研究者に公表内容を通知しなければならない。また、乙は、提供研究者が求めた場合、提供研究者が本有体物を提供した旨等の提供研究者が指示する内容を公表資料及び論文等に記載しなければならない。

4　乙は、本成果を商業的な用途で使用する場合、その旨を甲に通知し、使用条件について甲乙協議し決定する。

5　甲及び乙は、第２項の定めにかかわらず、本有体物に係る権利は甲に帰属することを確認する。

（契約終了時の義務）

第９条　乙は、本契約が終了した場合（本契約の解約又は解除を含む。）、速やかに、以下に掲げる処理を行わなければならない。

（１）本有体物の使用を中止する。

（２）本有体物の残留分（第５条第５項により本有体物を培養等した場合、これらの物を含む。）を返却、廃棄又は甲の指示に従い処分する。甲が求めた場合、廃棄等の証明書を提出する。

（３）本技術情報を返却、廃棄又は甲の指示に従い処分する。甲が求めた場合、廃棄等の証明書を提出する。

（解除）

第10条　甲及び乙は、相手方が本契約の条項の一に違反した場合は、本契約を解除することができる。

（有効期間）
第11条　本契約は、〇〇年〇〇月〇〇日から〇〇年〇〇月〇〇日まで有効とする。ただし、甲乙合意の上、本契約の期間を延長することができる。

（存続条項）
第12条　本契約が終了した場合においても、第７条については、本契約終了日から３年間有効に存続し、第４条第４項、第６条、第８条、第９条、第13条及び第14条については、本契約終了後も有効に存続する。

（損害賠償）
第13条　甲及び乙は、故意又は過失により相手方に損害を与えた場合、損害賠償責任を負わなければならない。

（紛争の解決）
第14条　本契約に関連し、両当事者間で疑義、相違、又は紛争が発生した場合、両当事者は信義誠実の原則に従い、相互の協議によりこれを解決する。
２　本契約は、日本法に準拠し、同法に従って解釈される。
３　本契約に関する紛争については、被告の所在地を管轄する地方裁判所を第一審の専属的合意管轄裁判所とする。

本契約の締結を証するため、本書２通を作成し、甲乙それぞれ記名押印の上、各１通を保管する。

〇〇年〇〇月〇〇日

（甲）
（乙）

別紙

項目表

1．本有体物	
2．提供数量	
3．本対価	
4．使用目的	
5．提供研究者	
6．受領研究者	

3　Q&A

Q1：有体物提供契約ならではの注意事項について教えてください。

A1：

（1）有体物は再提供が多い

提供する有体物は、第三者から受領したものを再提供することもあります。この場合、第三者との有体物提供契約（以下「第三者契約」という。）を遵守しなければなりません。第三者契約で有体物の開示や提供が禁じられている場合、再提供はできません。また、研究成果物の権利が第三者契約の有体物提供者に帰属する場合、全ての研究成果物について自由に使用できないことになります。さらに、第三者契約と本件の契約との整合を図り、矛盾や相違を防ぐ必要があります。

（2）有体物提供契約は、大学等も受領者となり得る

特許実施許諾契約等は、大学等はほとんどがライセンサーであり、自己が負う義務は少ないです。しかしながら、有体物提供契約では、大学等が提供者の場合もあれば、受領者の場合もあります。受領者の場合、課される義務は多く、これらの義務について履行が可能かどうか確認することが必要です。また、大学等の運用やシステムによっては履行が難しいこともあり、この場合、履行可能な内容となるように交渉する必要があります。

（3）外国との有体物提供契約では、外国為替及び外国貿易法（外為法）や生物多様性条約にも注意が必要

有体物の提供は、外為法の貨物や技術の輸出に該当することがあります。この場合、適切な手続を行わなければなりません。また、外国からの有体物の受領については、生物多様性条約の遵守が必要です。これらについては、それぞれの専門家に確認することをお勧めします。

（4）有体物について特許権を取得していることがある

提供又は受領する有体物について、特許権が設定登録されていることがあります。この場合には、特許権の実施許諾なのか、有体物の提供なのか、特許権の対価なのか、有体物の対価なのかといった整理が必要です。

対価の違いにより、発明者に分配するのか有体物の創作者に分配するのか、などの違いが生じます。また、特許権は存続期間に上限がありますが、有体物はありません。

（5）共同研究で有体物を使用することがある

共同研究で使用する限りにおいては有体物を無償提供し、共同研究費（有体物の費用は含まない。）のみとするケースも多いと思われます。ただし、有体物が貴重である場合や価値が高い等の場合は、別途、有体物提供契約を締結し、対価を請求することもあるようです。

4 共同研究契約

Joint Research Agreement

第4章
Joint Research Agreement
共同研究契約

1　概要

共同研究契約は、産学連携で最もよく使われる契約の一つです。大学等の研究機関の知と企業の知を用いて共同研究を行い、新たな知を生み出し、社会に還元することを目的としています。

大学等と企業では、機関としての性質や目的が異なることから、共同研究契約を締結する際、幾つかの留意すべき事項があります。以下、これらについて説明します。

また、研究関係で使われる契約として、受託研究契約や研究開発コンサルティング契約等もあります。これらについても説明します。

共同研究契約

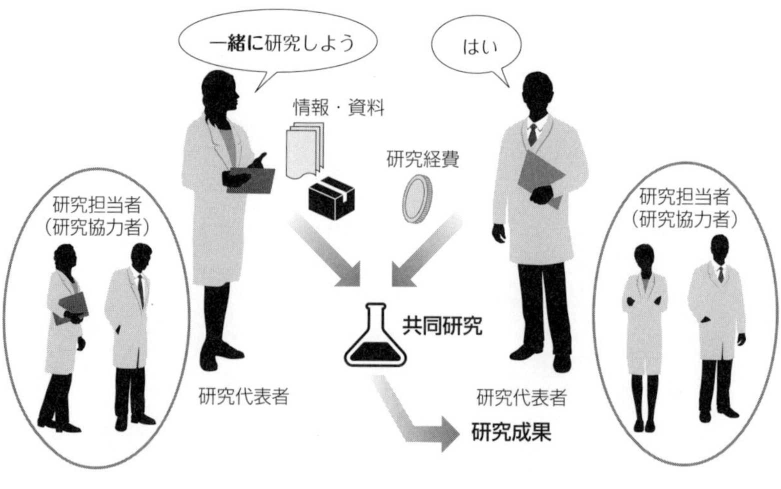

2　重要条文と条文解説

共同研究契約で重要な条文は、次のとおりです。

（1）研究内容

研究内容を詳細に規定していない契約を見かけますが、研究内容は詳細に記載すべきです。研究の詳細な分担、研究目標、研究スケジュールを明確にすることで、効果的な成果を得る可能性が高まり、有益な共同研究となります。

（2）研究経費

条文というよりは、研究経費の金額と内訳が重要です。従来は、直接的なコスト及び間接的なコストのみ研究経費としていましたが、「研究の価値を考慮した項目」を追加することにより、研究経費の増額を図る動きがあります（「産学官連携による共同研究強化のためもガイドライン【追補版】」：文部科学省、経済産業省）。今後、大学等が産学連携を通じて収入を得るためにも重要な項目です。

（3）特許権等の実施

産学連携の共同研究契約で一番の交渉点です。これについては、以降で詳しく説明します。

（4）研究成果の公表

大学等として、研究成果をスムーズに公表できることは重要です。

これらを踏まえ、サンプル契約書（pp.75-85）の主要な条文を解説します。
甲が大学等、乙が企業とし、乙が甲に研究経費を支払います。
サンプル契約書は、次の条項から成り立っています。

第１条　定義
第２条　研究題目及び研究内容並びに相互協力【重要】
第３条　研究の実施場所及び研究担当者
第４条　研究協力者
第５条　設備等の供用
第６条　研究で使用する情報等の提供

第７条　研究経費【重要】
第８条　本共同研究の終了
第９条　研究の中止又は延長
第10条　研究終了時の処理
第11条　特許権等の取扱い
第12条　特許権等の実施【重要】
第13条　プログラム等著作権の取扱い
第14条　成果有体物の取扱い
第15条　秘密の保持
第16条　研究成果の公表【重要】
第17条　契約の解除
第18条　進行状況報告
第19条　損害賠償
第20条　譲渡禁止
第21条　本契約の有効期間
第22条　協議
第23条　準拠法及び裁判管轄

第１条（定義）

本契約において、次の各号に掲げる用語の意義は、当該各号に定めるところによる。
（1）「研究成果」とは、本共同研究の実施に伴い得られた発明、考案、意匠、著作物その他の成果をいう。ただし、第10条に規定する成果報告書において成果が特定された後は、その特定された成果を研究成果とみなす。
（2）「特許権等」とは、次に掲げるものをいう。
（一）特許権、実用新案権、意匠権、回路配置利用権及び育成者権
（二）（一）に定める権利の登録等を受ける権利
（三）外国における（一）及び（二）に定める権利に相当する権利
（3）「プログラム等著作権」とは、プログラムの著作物及びデータベースの著作物並びにこれらに付随する仕様書等のドキュメント（以下「プログラム等」という。）に係る著作権並びに外国におけるこれらに相当する権利をいう。

（4）「成果有体物」とは、本共同研究の実施に伴い創作、抽出又は取得した試薬、材料、試料（遺伝子、細胞、微生物、化合物、抽出物、タンパク質等を含むがこれらに限らない。）、実験動物、試作品等であって、学術的、技術的又は財産的価値を有するものをいう。

（5）「発明等」とは、発明、考案、意匠の創作、半導体集積回路の開発及び品種の育成をいう。

本条は、本契約において使用される用語を定義しています。

（1）第1号

「研究成果」とは、本共同研究の実施に伴い得られた発明、考案、意匠、著作物、その他の成果を指します。その他の成果とは、成果有体物、実験データ、データから読み取れる考察等、様々な成果を含みます。

「本共同研究の実施に伴い得られた」とあるので、本共同研究の結果のみならず、研究過程で得られた成果も含みます。

本契約で対象となる研究成果は、本共同研究期間中になされたものであり、本共同研究終了後に研究成果を改良したものは含まれません。ただし、改良したものを公表する際に、一緒に本共同研究の研究成果を公表することになる場合は、15条（秘密の保持）、16条（研究成果の公表）に注意してください。

成果報告書を作成することで、本共同研究の成果と他の研究成果との違いが明確になり、他の研究成果との混在といったトラブルを防ぐことができます。

成果報告書の作成後は、成果報告書で特定された成果を研究成果とみなすので、重要な成果は、成果報告書に漏れなく記載してください。

（2）第2号

「特許権等」とは、特許権だけでなく、実用新案権、意匠権、回路配置利用権、育成者権を含みます。また、これらの権利の登録等を受ける権利と、外国において相当する権利も含みます。

（3）第3号

「プログラム等著作権」とは、プログラム、データベースだけでなく、これらに付随する仕様書、設計書、マニュアル等のドキュメントも含みます。また、外国において相当する権利も含みます。

(4) 第4号

「成果有体物」とは、本共同研究の成果物だけではなく、研究過程で得られたものも含みます。また、材料や試料等に限らず、機器の試作品のようなものも含みます。

(5) 第5号

「発明等」とは、発明だけでなく、考案、意匠の創作、半導体集積回路の開発、品種の育成も含みます。

第2条（研究題目及び研究内容並びに相互協力）【重要】

> 本共同研究の研究題目及び研究内容は、別紙の項目表第１項及び第２項に定めるとおりとする。
> 2　甲及び乙は、本契約の定めに従い、相互に協力して本共同研究を実施する。

本条は、研究題目及び研究内容等を定めています。

(1) 第1項

研究題目と研究内容（「全体内容」「研究分担（甲）」「研究分担（乙）」）を項目表に記載することで、研究内容を特定します。

また、発明の帰属の明確化、研究遂行責任の明確化のため、研究分担を可能な限り詳細に記載することが望ましいと考えます。さらに、研究分担を記載することで、余計な作業を依頼されることも少なくなります。また、研究目標やスケジュールまで定めることで方向性が明確になり、有益な研究が期待できます。

(2) 第2項

相互に協力して共同研究を実施することを定めています。

第3条（研究の実施場所及び研究担当者）

> 甲及び乙は、別紙の項目表第７項に定める場所（以下「研究実施場所」という。）において、本共同研究を実施する。
> 2　甲及び乙は、別紙の項目表第４項に掲げる者を本共同研究の研究担当者（以

下「研究担当者」という。）として本共同研究に参加させるものとし、研究担当者のうち甲及び乙からそれぞれ１人を研究代表者に指名し、研究代表者に本共同研究を統括させるものとする。
3　甲及び乙は、書面にて相手方に通知した上で、研究担当者の追加又は削除を行うことができる。ただし、研究代表者を変更する場合は、相手方の書面による同意を得るものとする。

本条は、研究の実施場所及び研究担当者を定めています。

（1）第1項

研究実施場所とは、本共同研究を実施するために使用を認める場所や施設です。特に相手方の研究者が常駐する場合は重要です。

（2）第2項

研究担当者とは、本共同研究の実施の責任を負う者をいいます。

研究担当者のうち１人を研究代表者に指名し、研究代表者が本共同研究を統括します。

（3）第3項

研究担当者の追加や削除は、相手方に書面で通知することで行います。ただし、研究代表者の変更は、相手方の書面の同意が必要です。研究代表者の変更は研究の継続性に大きく影響するので、同意を必要とします。

第４条（研究協力者）

甲及び乙は、本共同研究を実施する上で、研究担当者以外の者の協力が必要であると判断される場合、別紙の項目表第４項に掲げる者を研究協力者（以下「研究協力者」という。）として本共同研究に参加させることができる。
2　甲及び乙は、研究協力者に対し、本契約において自己が負う義務と同等の義務を遵守させるよう必要な措置を講ずるものとし、当該研究協力者の義務の履行について責任を負うものとする。
3　研究協力者が創出に貢献した発明等の帰属及び取扱いは、原則、研究担当者が創出した場合の帰属及び取扱いを準用する。
4　甲及び乙は、書面にて相手方に通知した上で、研究協力者の追加又は削除を行うことができる。

本条は、研究協力者を定めています。

(1) 第1項

研究協力者とは、主には雇用関係がない者で、研究の支援補助を行う者です（ごくまれに、雇用関係がある者を研究協力者とする場合もあります。)。

研究協力者として想定される者は、以下のとおりです。

甲：学生、ポスドク、他大学等に所属する研究者、定年退職した元教職員や研究員等

乙：他企業等に所属する社員、親子会社・関連会社の社員等

(2) 第2項

研究協力者を参加させた当事者は、研究協力者の行為について責任を負わなければなりません。

(3) 第3項

研究協力者の発明等については、原則、研究担当者の扱いを準用します。

ただし、研究協力者の雇用元が職務発明として権利を主張することがあります。本来は、研究協力者が参加する際に雇用元と調整すべきですが、調整ができていないまま参加させているケースがあります。このため、“原則”とし、協議余地を残しています。

(4) 第4項

研究協力者の追加や削除は、相手方に書面で通知することで行います。研究担当者と同様です。ただし、研究協力者は雇用関係がない者が多いため、追加については同意を必要とすることも考えられます。

第5条（設備等の供用）

> 甲は、別紙の項目表第8項に掲げる乙所有の設備、機器、装置その他物品（以下「提供物品」という。）を、乙の同意を得て無償で受け入れ、本共同研究の用に供するものとする。
>
> (1) 提供物品の提供日、設置場所等の具体的な提供方法については、甲乙別途協議し決定する。
>
> (2) 提供物品の搬入、設置等に要する費用は、乙が負担する。

（3）甲は、提供物品について、その設置完了の時から返還に係る作業が開始される時まで、善良なる管理者の注意をもって管理する。
（4）乙は、甲から提供物品の使用方法等の問合せを受けた場合、取扱説明書の貸与、技術者の派遣等、可能な限り甲を援助する。
（5）提供物品の使用、維持及び保全に関する費用は乙が負担するものとする。ただし、甲が合意した場合、甲の負担とすることができる。

本条は、乙から甲に貸与される設備、機器、装置その他物品（これらを併せて「提供物品」という。）を定めています。産学連携の共同研究では、企業から大学等に物品を貸与することも多いため、こうした規定を設けています。

（1）第1号

提供物品の提供日、具体的な提供方法については、別途決定します。通常は、研究者間で協議して決定します。

（2）第2号

提供物品の搬入や設置等に要する費用は乙が負担します。

（3）第3号

提供物品が甲に存在する間は厳格な注意の下に管理する必要があります。

（4）第4号

提供物品の使用方法等について、乙に問い合わせることができます。この場合、乙は、取扱説明書の貸与や技術者の派遣等の可能な限りの支援を行います。

（5）第5号

提供物品の使用中に係る経費についても乙が負担します。研究経費に積算することが多いと思われます。なお、甲の負担を明記している理由は、提供物品のみの経費を積算することが困難であり、使用に要する費用は甲の研究者が負担する、というケースも想定されるからです。

第6条（研究で使用する情報等の提供）

甲及び乙は、自己が保有する情報及び研究試料であって、本共同研究の実施に必要とするもの（第三者との関係において、開示又は提供に関する制限のあるものを除く。以下「提供情報等」という。）を、自己の裁量により相互に無償で開示又は提供するものとする。
2　甲及び乙は、提供情報等について相手方に秘密保持義務を課す場合、第15条第１項の「秘密情報」として開示又は提供するものとする。なお、甲及び乙は、同条項の「秘密情報」に該当しない提供情報等については、秘密保持義務を負わないものとする。
3　甲及び乙は、提供情報等について、相手方の同意なく、本契約の目的以外に使用してはならない。
4　甲及び乙は、有形的方法によって開示又は提供した提供情報等につき、本共同研究終了後に返還を希望する場合には、提供情報等の提供時に返還を希望する旨を書面により明示して相手方に提供するものとする。

本条は、本共同研究で提供する情報や研究試料の取扱いを定めています。情報と研究試料を併せて「提供情報等」と称します。

（1）第1項

提供情報等の提供は自己裁量のため、提供したくないものまで提供する必要はありません。

（2）第2項

提供情報等のうち、「秘密」等を付して提供されたものは、秘密情報として取り扱わなければなりません。

また、「秘密」等が付されないで提供されたものは、秘密保持義務を負わないことを確認しています。確認の記載を入れることで「情報の性質上、当然に秘密保持義務を負う」とのトラブルを避けることができます。

（3）第3項

提供情報等は、相手方の同意を得た場合を除き、本契約の目的以外に使用してはなりません。

（4）第4項

返還を希望する旨が書面にて明示された場合、研究終了後に提供情報等を返還しなければなりません。それ以外のものについては、返還義務を負いません。

第7条（研究経費）【重要】

> 乙は、甲における本共同研究の実施に必要な経費として、別紙の項目表第5項に定める研究経費（以下「研究経費」という。）を負担する。
> 2　乙は、研究経費を、別紙の項目表第6項に定める支払期限（以下「支払期限」という。）までに、甲の発行する請求書に基づき甲へ支払わなければならない。
> 3　乙は、支払期限までに研究経費を甲に支払わないときは、支払期限の翌日から支払日までの日数に応じ、その未払額に年3％の割合で計算した延滞金を遅延損害金として支払わなければならない。
> 4　甲は、自己の定める方法により、研究経費の経理を行わなければならない。
> 5　乙は、研究経費に関する経理書類の閲覧を甲に申し出ることができ、この場合、甲はこれに応じなければならない。甲は、自己の定める文書管理規程に基づき、本共同研究に係る経理書類をその作成の時から●年間保存するものとする。
> 6　研究経費により取得した設備、試料等は、甲に帰属するものとする。

本条は、研究経費を定めています。

（1）第1項

乙は、甲が必要とする研究経費を負担します。ただし、全ての経費ではなく、どの費目が対象となるかは各大学等で異なります。例えば国立大学の承継職員（法人化後も同身分の者）と呼ばれる研究者の人件費は、乙ではなく甲が自身で負担することが多いようです。また、研究経費は、直接経費と間接経費に分かれていることがほとんどです。間接経費は、直接経費の10％から30％の間で設定している大学等が多いようです。

（2）第2項

乙は支払期限までに研究経費を支払います。

（3）第3項

支払期限までに研究経費を支払わない場合、未払額について年３％の延滞金を支払わなければなりません。利率は民法の法定利率（年３％）に合わせています。

（4）第4項

甲は、研究経費について、自己の方法で経理処理を行います。

（5）第5項

乙から経理書類の閲覧要望があった場合、甲は閲覧を認めなければなりません。

経理書類の保存期間は自己の文書管理規程に合わせることが多いです。

（6）第6項

研究経費で取得した設備、試料等の所有権は、甲に帰属します。

第8条（本共同研究の終了）

> 本共同研究は、別紙の項目表第３項に定める研究期間の始期に開始され、以下のいずれかの事由をもって終了する。以下、本共同研究が終了した日を「本共同研究終了日」という。
> （１）別紙の項目表第３項に定める研究期間が満了した場合
> （２）第９条第１項に基づき本共同研究を終了した場合
> （３）本契約が解除された場合
> （４）その他、甲乙協議の上、本共同研究を終了することに合意した場合

本条は、研究の終了を定義しています。研究の終了〈契約の終了（21条)〉を起算とする条項は多数あるので、研究の終了を特定することは重要です。

第9条（研究の中止又は延長）

> 天災その他の不可抗力又は本共同研究開始時に予測できなかったやむを得ない事由（研究代表者の長期病欠、事故、他機関への異動、転職又は退職を含む。）が生じた場合、甲乙協議の上、本共同研究を一時中断若しくは中止し、又は研究期間を延長することができる。
> 2　甲及び乙は、前項に基づき本共同研究の一時中断若しくは中止又は延長を決定した場合において、相手方に生ずる一切の損害等について、何ら責任を負わないものとする。
> 3　甲は、第１項に基づく研究期間の延長により受領済みの研究経費に不足が生ずるおそれが発生した場合、直ちに書面にて乙にその旨を通知し、甲及び乙は、協議の上、不足する研究経費の乙の負担の有無及び金額を決定する。

本条は、研究の中止と延長を定めています。

（1）第1項

下記の場合、研究の一時中断、研究の中止又は研究期間を延長できます。

・天災

・天災以外の不可抗力

・本共同研究開始時に予測できなかったやむを得ない事由

これらに該当するか否かは個別に判断する必要があり、相手方と見解が異なることがあります。したがって、「研究代表者の長期病欠、事故、他機関への異動、転職、退職」はやむを得ない事由に該当することを明確にし、相手方との見解の相違を防いでいます。Q＆A 11で詳しく説明しています。

（2）第2項

研究の一時中断、研究を中止又は研究期間を延長した場合に相手方に損害が生じたとしても、一切責任を負いません。

（3）第3項

研究期間の延長により研究経費が不足する場合、協議の上、研究経費の不足分を要求できます。

第10条（研究終了時の処理）

甲及び乙は、本共同研究が終了した場合、以下の各号に定める処理を行うものとする。

（1）乙は、研究経費に余剰が生じた場合、余剰となった額の返還を甲に請求できる。この場合、甲は、返還請求に応じなければならない。ただし、乙の責により本共同研究が終了した場合、甲は、研究経費を返還する義務を負わないものとする。

（2）甲は、本共同研究の終了時の状態で提供物品を乙に返還する。なお、甲は、提供物品の通常の研究活動で生じ得る傷、破損、摩耗又は故障について、責任を負わないものとする。また、乙は、当該返還に係る作業について甲に協力し、提供物品の撤去、搬出等に要する費用は、乙が負担する。

（3）甲及び乙は、第6条第4項に基づき提供された提供情報等を返還する。

（4）甲及び乙は、本共同研究終了日までの研究成果の成果報告書を、本共同研究終了日後、速やかに、双方協力して取りまとめる。

本条は、研究終了時の必要な処理を定めています。

（1）第1号

研究経費に余剰が生じ、乙から返還を要求された場合は返還しなければなりません。ただし、乙の責により共同研究が終了した場合、研究経費を返還する必要はありません。

（2）第2号

乙からの提供物品は、適切に管理し、乙の指示に従い返還しなければなりません。なお、研究の実施に伴い通常生じ得る傷等については、修理する責任を負いません。また、返還に要する費用は、乙が負担します。

（3）第3号

提供時に返還を指示された提供情報等（情報・研究試料）は、返還してください。

（4）第4号

相手方と協力し、研究成果の成果報告書を作成してください。1条でも説明しましたが、成果報告書は研究成果を特定し、後のトラブルを防ぐために重要なので、必ず作成してください。

第11条（特許権等の取扱い）

甲及び乙は、自己に属する研究担当者が本共同研究の実施に伴い発明等をなしたときは、速やかに相手方にその旨を通知するものとする。

2　本共同研究の実施に伴い得られた発明等に係る特許権等の帰属は、次の各号によるものとする。

（1）甲に属する研究担当者及び乙に属する研究担当者が、共同でなした発明等に係る特許権等は、甲及び乙の共有とし（以下「共有特許権等」という。）、その持分比は、当該発明等に対する貢献度に応じて、甲乙協議の上で定めるものとする。

（2）甲又は乙に属する研究担当者が、単独でなした発明等に係る特許権等は、当該発明等をなした甲又は乙に単独に帰属するものとする（以下「甲特許権等」又は「乙特許権等」という。）。

3　甲は、自己の研究担当者から前項第１号に定める特許権等を承継しない場合、その旨を乙に通知するものとし、乙は、当該甲に属する研究担当者と特許権等の譲受について交渉できるものとする。
4　甲及び乙は、共有特許権等について、別途共同出願契約を締結した上で、当該共同出願契約に従い共同して出願を行うものとする。
5　甲及び乙は、甲特許権等又は乙特許権等の出願を行うときは、当該発明等を単独でなしたことについてあらかじめ相手方の確認を得た上で、各々の責任と費用負担で当該特許権等の出願を行うものとする。

本条は、特許権等の帰属とその取扱いを定めています。

(1) 第1項

発明等をなした場合は、その旨を相手方に通知します。実務上は、出願を希望する時に相手方に通知することが多いです。

(2) 第2項

発明等をなした当事者に帰属する「発明者主義」としています。

共同でなした発明等については、甲乙共有とします。持分は、発明等に対する貢献度により決定します。発明等に対する貢献度は、技術的な貢献度をいい、研究経費の負担等の金銭的な貢献度は考慮されません。

単独でなした発明等は、発明等をなした当事者に単独で帰属します。

(3) 第3項

甲は、共有特許権等について、発明者から特許権等を承継しない場合があることを明確にしています（いわゆる非承継）。大学等では、特許性や活用性を判断した結果、非承継にすることもあるからです。この場合、乙に非承継の旨を通知し、乙が甲の発明者と特許権等の譲受について交渉することを認めています。

(4) 第4項

共有特許権等については、出願前に共同出願契約を締結します。特許出願を迅速に行うため、実務上は出願後に締結することもありますが、本来は契約条件を決定した後に出願すべきと考えます（少なくとも、主要な条件は出願前に調整済みにすべきです。）。

（5）第5項

単独の特許権等については、出願前に単独でなした旨の相手方の確認を得なければなりません。トラブルを防止するためです。

第12条（特許権等の実施）【重要】

> 甲及び乙は、共有特許権等の取扱いについて、出願までに以下の各号のいずれかを協議の上選択する。
> （1）乙の独占的実施：
> ①出願等費用の負担：乙が全額負担する。
> ②乙の自己実施：独占の対価として、甲に対価を支払う。対価の額その他の具体的な条件については、別途実施契約を締結する。
> ③第三者への実施許諾：甲は第三者に実施許諾してはならない。乙は甲の同意なく自己が定める条件にて第三者に実施許諾できる。
> ①から③の条件及び独占的実施取消条件等のその他必要な条件について、共同出願契約にて定める。
> （2）乙の非独占的実施（その1）：
> ①出願等費用の負担：乙が全額負担する。
> ②乙の自己実施：乙が共有特許権等を実施した場合、甲に対価を支払う。対価の額その他の具体的な条件については、別途実施契約を締結する。
> ③第三者への実施許諾：甲及び乙は、相手方の事前の書面による同意を得た上で第三者に実施許諾できる。
> ①から③の条件及びその他必要な条件について、共同出願契約にて定める。
> （3）乙の非独占的実施（その2）：
> ①出願等費用の負担：乙が全額負担する。
> ②乙の自己実施：甲への対価の支払なく実施することができる。
> ③第三者への実施許諾：甲及び乙は、相手方の同意なく自己が定める条件にて第三者に実施許諾できる。
> ①から③の条件及びその他必要な条件について、共同出願契約にて定める。

本条は、共有特許権等の取扱いを定めています。契約交渉が難航することが多い条項です。

共有特許権等について、出願までに（1）から（3）のいずれかを協議の上選択します。

「出願まで」「協議の上選択」がポイントです。

「出願まで」に限定しているのは、乙が非独占実施（その２）を選択した場合、出願後すぐに実施許諾活動を行えるようにするためです。乙の実施の態様が選択されてない場合、選択されるまで実施許諾活動は行えません（乙が独占実施を選択した場合に問題になるからです。）。

「協議の上選択」は、「乙が選択できる」という契約も考えられますが、この場合、甲の発明者から不満が出ないか注意すべきです（「乙が選択できる」ことで問題ないか、事前に甲の研究担当者の確認を得たほうがよいです。）。

（1）第1号

乙の独占的実施の場合を定めています。

共有特許権等の扱いは、下記の３つの条件で決めることが一般的です。

・出願等費用の負担

・乙の自己実施

・第三者への実施許諾

このケースでは、出願等費用は乙が全額負担します。

乙は自己実施について、独占の対価を甲に支払います。独占の対価は、実施時だけでなく、一時金を含むこともあります。この点が、２号の非独占的実施の対価と異なります。

第三者への実施許諾は、乙のみ可能です。乙は、自己のビジネス上の判断で、第三者に実施許諾できます。

（2）第2号

乙の非独占的実施の場合を定めています。非独占的実施は本号と次号の２パターンを用意しています。

本号は、乙の自己実施について対価を甲に支払います。実施時にのみ支払うところが前号の独占の対価と異なります。

第三者への実施許諾は、相手方の同意を得て行います。特許法73条３項のとおりです。

（3）第3号

本号は、乙の自己実施について甲に対価を支払う必要がありません。ただし、第三者への実施許諾は、相手方の同意なく自己が定める条件で実施許諾できます。

これにより、甲は、乙の自己実施により対価を得るのではなく、第三者への実施許諾により収入を得ることができます。

第13条（プログラム等著作権の取扱い）

甲及び乙は、自己に属する研究担当者が本共同研究の実施に伴いプログラム等を創作したときは、速やかに相手方にその旨を通知するものとする。

2　本共同研究の実施に伴い得られたプログラム等著作権の帰属は、次の各号によるものとする。

（1）甲に属する研究担当者及び乙に属する研究担当者が、共同で創作したプログラム等に係るプログラム等著作権は、甲及び乙の共有とし（以下「共有著作権」という。）、その持分比は、当該プログラム等の創作に対する貢献度に応じて、甲乙協議の上で定めるものとする。

（2）甲又は乙に属する研究担当者が、単独で創作したプログラム等に係るプログラム等著作権は、単独で創作したことについて相手方に確認を得た上で、当該プログラム等を創作した甲又は乙に単独に帰属するものとする（以下「甲著作権」又は「乙著作権」という。）。

3　甲及び乙は、自己の研究担当者からプログラム等著作権を譲り受ける場合には、自己の研究担当者に著作者人格権を行使しないことを約させるものとする。

4　乙は、甲が、教育又は研究を目的とする場合に限り、共有著作権及び乙著作権を、一切の条件を付されることなく無償で利用することに同意する。

5　甲及び乙は、前項以外の共有著作権の取扱いについては、別途協議し決定する。

本条は、プログラム等著作権の帰属とその取扱いを定めています。

（1）第1項

特許権等と同様です。ただし、著作権は出願行為がないため、成果報告書に記載することで通知を代替することも多いと思われます。

（2）第2項

特許権等と同様です。

（3）第3項

著作物を創作した時点で著作権と著作者人格権が発生しますが、著作者人格権は譲り受けることができないため本項を設けています。

（4）第4項

権利者であっても共有著作権は共有者の合意がなければプログラム等を利用できません（著作権法65条２項）。本項を定めることにより、共有者の合意を得たものとして扱うことができます。

（5）第5項

前項以外の共有著作権の取扱いは別途協議としています。共有著作権の商業的利用の条件を想定しています。

第14条（成果有体物の取扱い）は解説省略

第15条（秘密の保持）

本契約において「秘密情報」とは、提供情報等として相手方から開示又は提供された情報であって、次の各号のいずれかに該当するものをいう。

（１）書面（電子メール及びその添付資料を含む。）、各種媒体（図面、写真、試料、サンプル及びＣＤ－ＲＯＭ等の記録媒体を含む。）その他有形的方法により開示又は提供された情報にあっては、当該有形的方法上に秘密である旨を明示して開示又は提供された情報（直接媒体上に秘密である旨が明示できない場合は、送付状等において明示することを妨げない。）

（２）口頭その他無形的方法により開示された情報にあっては、開示時に秘密である旨を告知し、かつ、開示日から30日以内に、当該情報の内容、開示場所、開示者、受領者、開示日時等を甲乙間にて書面により確認した情報

2　前項の規定にかかわらず、次の各号のいずれかに該当する情報については、秘密情報に該当しないものとする。

（１）開示又は提供を受けた際、既に公知となっている情報

（２）開示又は提供を受けた後、自己の責に帰すべき事由によらずに公知となった情報

（３）開示又は提供を受けた際、既に自己が保有していた情報

（４）正当な権原を有する第三者から秘密保持義務を負うことなく自己が適法に取得した情報

（５）秘密情報によることなく自己が独自に開発した情報

（６）秘密情報から除外することについて書面により事前に相手方の同意を得た情報

3　甲及び乙は、秘密情報について秘密に保持し、相手方からの事前の書面により同意を得た場合を除き、第三者に開示、提供又は漏洩してはならない。ただし、法令、規則等に基づき裁判所、監督官庁等から秘密情報の開示を要求された場合、甲及び乙は、事前に相手方に通知した上で、必要最小限の情報に限り開示することができる。
4　甲及び乙は、相手方の書面による事前の同意なしに、本契約の目的以外で秘密情報を使用してはならない。
5　本条は、本契約の有効期間中及び本契約終了後３年間有効に存続する。なお、甲乙協議の上、この期間を延長し又は短縮することができる。

本条は、秘密情報の秘密の保持を定めています。

(1) 第1項

秘密に保持すべき情報（秘密情報）を定めています。以下の全ての要件を満たすものが秘密情報となります。

・第６条の提供情報等として提供されたものであること
・本項（１）又は（２）の形態で提供されたものであること

(2) 第2項

本項に該当する情報は、秘密情報として扱いません。

（１）（２）は問題ありませんが、（３）（４）（５）は証明が難しく問題になることがあります。第２章秘密保持契約のＱ＆Ａ２を参照ください。

(3) 第3項

相手方の秘密情報は、第三者に開示・提供・漏洩してはなりません。ただし、裁判所や監督官庁等から要求された場合は、相手方に通知した上で、必要最小限の範囲で秘密情報を開示できます。

(4) 第4項

相手方の秘密情報は、本契約の目的以外に使用してはなりません。

(5) 第5項

秘密保持義務を負う期間を表しています。本契約期間中及び本契約終了後３年間です。

第16条（研究成果の公表）【重要】

> 甲及び乙は、研究成果を外部に公表（発表及び第三者への開示を含む。以下同様とする。）するときは、以下の各号に従い、研究成果を公表したい旨及びその概要を書面（電子メールを含む。）にて相手方に通知するものとする。ただし、研究成果に秘密情報が含まれている場合は、当該秘密情報の部分については、前条に定める秘密保持義務を遵守するものとする。
> （1）学会又は講演会により公表する場合は、演題申込締切日の30日前までに相手方に通知する。
> （2）論文により公表する場合は、論文投稿予定日の30日前までに相手方に通知する。
> （3）前二号以外の方法で公表する場合は、公表予定日の30日前までに相手方に通知する。
> 2　甲及び乙は、前項の通知を受理後10日以内に公表についての可否を判断し、相手方に判断結果を回答するものとする。なお、甲が、研究成果の公表に関する同意を乙に求めたときは、乙は、学術研究上の成果の普及に努めるべき甲の社会的使命に鑑み、原則当該公表に同意し、当該公表が円滑に行われるよう協力するものとする。ただし、当該研究成果の公表により、発明等に関する特許等の出願、特許権等の取得に支障を来す場合その他合理的理由がある場合、甲及び乙は、公表の内容、方法又は時期について協議を行うものとする。
> 3　前二項に定める手続を要する期間は、本契約の有効期間中及び本契約終了後１年間とし、当該期間を経過した後は、甲及び乙は、前二項に定める手続を要することなく自由に研究成果を公表することができる。なお、甲及び乙は、協議の上、当該期間を延長し又は短縮することができる。

本条は、研究成果の公表を定めています。

（1）第1項

研究成果を外部に公表する場合は、本項（1）から（3）のいずれかの対処を行ってください。特定の第三者に開示する場合も同様です。

また、「外部に公表」と記載されているので、学内の発表会等は対象になりませんが、発表会等の出席者が外部に漏らさないようにご注意ください。

公表希望の通知は、公表したい旨とその概要を相手方に通知してください。通知形態は、電子メールでも構いません。

公表を希望する研究成果の中に（正確には“発表資料の中に”）相手方の秘密情報が含まれる場合は、その部分は公表できません。どうしても公表上必要な場合、相手方の同意を得てください。

（2）第2項

公表希望の通知を受けた場合、10日以内に可否を判断して回答します。

なお、甲は、学術研究上の成果を普及する社会的使命があるので、乙は、原則公表に同意し、協力するようにしています。ただし、特段の事情がある場合は、公表の内容、方法、時期を調整してください。

（3）第3項

このような手続が必要な期間は、本契約期間中及び本契約終了後１年間です。その後は、お互いに通知なく、自由に研究成果を公表できます。ただし、研究成果の中に相手方の秘密情報が含まれる場合は、15条５項の期間は秘密保持義務の制限があるので、公表については相手方の同意が必要です。

秘密保持義務の３年間と研究成果公表の通知義務の１年間の差異ですが、研究成果一般については通知義務を１年間とし、成果を公表しやすくする一方、相手方の秘密情報が混在している成果については、通常３年間程度の秘密保持期間が必要と考え、このようにしています。ただし、運用が複雑になると考える場合は、研究成果公表の通知義務を秘密保持期間に合わせ、３年間としてよいと思います。

第17条（契約の解除）、第18条（進行状況報告）、第19条（損害賠償）、第20条（譲渡禁止）、第21条（本契約の有効期間）、第22条（協議）、第23条（準拠法及び裁判管轄）は解説省略

サンプル契約書

共同研究契約書

●●（以下「甲」という。）と■■（以下「乙」という。）は、別紙に記載の研究（以下「本共同研究」という。）を共同で実施するに当たり、次のとおり契約（以下「本契約」という。）を締結する。

（定義）

第１条　本契約において、次の各号に掲げる用語の意義は、当該各号に定めるところによる。

（１）「研究成果」とは、本共同研究の実施に伴い得られた発明、考案、意匠、著作物その他の成果をいう。ただし、第10条に規定する成果報告書において成果が特定された後は、その特定された成果を研究成果とみなす。

（２）「特許権等」とは、次に掲げるものをいう。

（一）特許権、実用新案権、意匠権、回路配置利用権及び育成者権

（二）（一）に定める権利の登録等を受ける権利

（三）外国における（一）及び（二）に定める権利に相当する権利

（３）「プログラム等著作権」とは、プログラムの著作物及びデータベースの著作物並びにこれらに付随する仕様書等のドキュメント（以下「プログラム等」という。）に係る著作権並びに外国におけるこれらに相当する権利をいう。

（４）「成果有体物」とは、本共同研究の実施に伴い創作、抽出又は取得した試薬、材料、試料（遺伝子、細胞、微生物、化合物、抽出物、タンパク質等を含むがこれらに限らない。）、実験動物、試作品等であって、学術的、技術的又は財産的価値を有するものをいう。

（５）「発明等」とは、発明、考案、意匠の創作、半導体集積回路の開発及び品種の育成をいう。

（研究題目及び研究内容並びに相互協力）

第２条　本共同研究の研究題目及び研究内容は、別紙の項目表第１項及び第２項に定めるとおりとする。

２　甲及び乙は、本契約の定めに従い、相互に協力して本共同研究を実施する。

（研究の実施場所及び研究担当者）
第3条　甲及び乙は、別紙の項目表第7項に定める場所（以下「研究実施場所」という。）において、本共同研究を実施する。
2　甲及び乙は、別紙の項目表第4項に掲げる者を本共同研究の研究担当者（以下「研究担当者」という。）として本共同研究に参加させるものとし、研究担当者のうち甲及び乙からそれぞれ1人を研究代表者に指名し、研究代表者に本共同研究を統括させるものとする。
3　甲及び乙は、書面にて相手方に通知した上で、研究担当者の追加又は削除を行うことができる。ただし、研究代表者を変更する場合は、相手方の書面による同意を得るものとする。

（研究協力者）
第4条　甲及び乙は、本共同研究を実施する上で、研究担当者以外の者の協力が必要であると判断される場合、別紙の項目表第4項に掲げる者を研究協力者（以下「研究協力者」という。）として本共同研究に参加させることができる。
2　甲及び乙は、研究協力者に対し、本契約において自己が負う義務と同等の義務を遵守させるよう必要な措置を講ずるものとし、当該研究協力者の義務の履行について責任を負うものとする。
3　研究協力者が創出に貢献した発明等の帰属及び取扱いは、原則、研究担当者が創出した場合の帰属及び取扱いを準用する。
4　甲及び乙は、書面にて相手方に通知した上で、研究協力者の追加又は削除を行うことができる。

（設備等の供用）
第5条　甲は、別紙の項目表第8項に掲げる乙所有の設備、機器、装置その他物品（以下「提供物品」という。）を、乙の同意を得て無償で受け入れ、本共同研究の用に供するものとする。
（1）提供物品の提供日、設置場所等の具体的な提供方法については、甲乙別途協議し決定する。
（2）提供物品の搬入、設置等に要する費用は、乙が負担する。
（3）甲は、提供物品について、その設置完了の時から返還に係る作業が開始される時まで、善良なる管理者の注意をもって管理する。
（4）乙は、甲から提供物品の使用方法等の問合せを受けた場合、取扱説明書の貸与、技術者の派遣等、可能な限り甲を援助する。

（5）提供物品の使用、維持及び保全に関する費用は乙が負担するものとする。ただし、甲が合意した場合、甲の負担とすることができる。

（研究で使用する情報等の提供）

第6条　甲及び乙は、自己が保有する情報及び研究試料であって、本共同研究の実施に必要とするもの（第三者との関係において、開示又は提供に関する制限のあるものを除く。以下「提供情報等」という。）を、自己の裁量により相互に無償で開示又は提供するものとする。

2　甲及び乙は、提供情報等について相手方に秘密保持義務を課す場合、第15条第1項の「秘密情報」として開示又は提供するものとする。なお、甲及び乙は、同条項の「秘密情報」に該当しない提供情報等については、秘密保持義務を負わないものとする。

3　甲及び乙は、提供情報等について、相手方の同意なく、本契約の目的以外に使用してはならない。

4　甲及び乙は、有形的方法によって開示又は提供した提供情報等につき、本共同研究終了後に返還を希望する場合には、提供情報等の提供時に返還を希望する旨を書面により明示して相手方に提供するものとする。

（研究経費）

第7条　乙は、甲における本共同研究の実施に必要な経費として、別紙の項目表第5項に定める研究経費（以下「研究経費」という。）を負担する。

2　乙は、研究経費を、別紙の項目表第6項に定める支払期限（以下「支払期限」という。）までに、甲の発行する請求書に基づき甲へ支払わなければならない。

3　乙は、支払期限までに研究経費を甲に支払わないときは、支払期限の翌日から支払日までの日数に応じ、その未納額に年3％の割合で計算した延滞金を遅延損害金として支払わなければならない。

4　甲は、自己の定める方法により、研究経費の経理を行わなければならない。

5　乙は、研究経費に関する経理書類の閲覧を甲に申し出ることができ、この場合、甲はこれに応じなければならない。甲は、自己の定める文書管理規程に基づき、本共同研究に係る経理書類をその作成の時から●年間保存するものとする。

6　研究経費により取得した設備、試料等は、甲に帰属するものとする。

（本共同研究の終了）

第8条　本共同研究は、別紙の項目表第3項に定める研究期間の始期に開始され、以下のいずれかの事由をもって終了する。以下、本共同研究が終了した日を「本共同研究終了日」という。

（1）別紙の項目表第3項に定める研究期間が満了した場合

（2）第9条第1項に基づき本共同研究を終了した場合

（3）本契約が解除された場合

（4）その他、甲乙協議の上、本共同研究を終了することに合意した場合

（研究の中止又は延長）

第9条　天災その他の不可抗力又は本共同研究開始時に予測できなかったやむを得ない事由（研究代表者の長期病欠、事故、他機関への異動、転職又は退職を含む。）が生じた場合、甲乙協議の上、本共同研究を一時中断若しくは中止し、又は研究期間を延長することができる。

2　甲及び乙は、前項に基づき本共同研究の一時中断若しくは中止又は延長を決定した場合において、相手方に生ずる一切の損害等について、何ら責任を負わないものとする。

3　甲は、第1項に基づく研究期間の延長により受領済みの研究経費に不足が生ずるおそれが発生した場合、直ちに書面にて乙にその旨を通知し、甲及び乙は、協議の上、不足する研究経費の乙の負担の有無及び金額を決定する。

（研究終了時の処理）

第10条　甲及び乙は、本共同研究が終了した場合、以下の各号に定める処理を行うものとする。

（1）乙は、研究経費に余剰が生じた場合、余剰となった額の返還を甲に請求できる。この場合、甲は、返還請求に応じなければならない。ただし、乙の責により本共同研究が終了した場合、甲は、研究経費を返還する義務を負わないものとする。

（2）甲は、本共同研究の終了時の状態で提供物品を乙に返還する。なお、甲は、提供物品の通常の研究活動で生じ得る傷、破損、摩耗又は故障について、責任を負わないものとする。また、乙は、当該返還に係る作業について甲に協力し、提供物品の撤去、搬出等に要する費用は、乙が負担する。

（3）甲及び乙は、第6条第4項に基づき提供された提供情報等を返還する。

（4）甲及び乙は、本共同研究終了日までの研究成果の成果報告書を、本共同研究終了日後、速やかに、双方協力して取りまとめる。

（特許権等の取扱い）

第11条　甲及び乙は、自己に属する研究担当者が本共同研究の実施に伴い発明等をなしたときは、速やかに相手方にその旨を通知するものとする。

2　本共同研究の実施に伴い得られた発明等に係る特許権等の帰属は、次の各号によるものとする。

（1）甲に属する研究担当者及び乙に属する研究担当者が、共同でなした発明等に係る特許権等は、甲及び乙の共有とし（以下「共有特許権等」という。）、その持分比は、当該発明等に対する貢献度に応じて、甲乙協議の上で定めるものとする。

（2）甲又は乙に属する研究担当者が、単独でなした発明等に係る特許権等は、当該発明等をなした甲又は乙に単独に帰属するものとする（以下「甲特許権等」又は「乙特許権等」という。）。

3　甲は、自己の研究担当者から前項第１号に定める特許権等を承継しない場合、その旨を乙に通知するものとし、乙は、当該甲に属する研究担当者と特許権等の譲受について交渉できるものとする。

4　甲及び乙は、共有特許権等について、別途共同出願契約を締結した上で、当該共同出願契約に従い共同して出願を行うものとする。

5　甲及び乙は、甲特許権等又は乙特許権等の出願を行うときは、当該発明等を単独でなしたことについてあらかじめ相手方の確認を得た上で、各々の責任と費用負担で当該特許権等の出願を行うものとする。

（特許権等の実施）

第12条　甲及び乙は、共有特許権等の取扱いについて、出願までに以下の各号のいずれかを協議の上選択する。

（1）乙の独占的実施：

①出願等費用の負担：乙が全額負担する。

②乙の自己実施：独占の対価として、甲に対価を支払う。対価の額その他の具体的な条件については、別途実施契約を締結する。

③第三者への実施許諾：甲は第三者に実施許諾してはならない。乙は甲の同意なく自己が定める条件にて第三者に実施許諾できる。

①から③の条件及び独占的実施取消条件等のその他必要な条件について、共同出願契約にて定める。

（2）乙の非独占的実施（その1）：

①出願等費用の負担：乙が全額負担する。

②乙の自己実施：乙が共有特許権等を実施した場合、甲に対価を支払う。対価の額その他の具体的な条件については、別途実施契約を締結する。

③第三者への実施許諾：甲及び乙は、相手方の事前の書面による同意を得た上で第三者に実施許諾できる。

①から③の条件及びその他必要な条件について、共同出願契約にて定める。

（3）乙の非独占的実施（その2）：

①出願等費用の負担：乙が全額負担する。

②乙の自己実施：甲への対価の支払なく実施することができる。

③第三者への実施許諾：甲及び乙は、相手方の同意なく自己が定める条件にて第三者に実施許諾できる。

①から③の条件及びその他必要な条件について、共同出願契約にて定める。

（プログラム等著作権の取扱い）

第13条　甲及び乙は、自己に属する研究担当者が本共同研究の実施に伴いプログラム等を創作したときは、速やかに相手方にその旨を通知するものとする。

2　本共同研究の実施に伴い得られたプログラム等著作権の帰属は、次の各号によるものとする。

（1）甲に属する研究担当者及び乙に属する研究担当者が、共同で創作したプログラム等に係るプログラム等著作権は、甲及び乙の共有とし（以下「共有著作権」という。）、その持分比は、当該プログラム等の創作に対する貢献度に応じて、甲乙協議の上で定めるものとする。

（2）甲又は乙に属する研究担当者が、単独で創作したプログラム等に係るプログラム等著作権は、単独で創作したことについて相手方に確認を得た上で、当該プログラム等を創作した甲又は乙に単独に帰属するものとする（以下「甲著作権」又は「乙著作権」という。）。

3　甲及び乙は、自己の研究担当者からプログラム等著作権を譲り受ける場合には、自己の研究担当者に著作者人格権を行使しないことを約させるものとする。

4　乙は、甲が、教育又は研究を目的とする場合に限り、共有著作権及び乙著作権を、一切の条件を付されることなく無償で利用することに同意する。

5　甲及び乙は、前項以外の共有著作権の取扱いについては、別途協議し決定する。

(成果有体物の取扱い)

第14条　甲及び乙は、自己に属する研究担当者が本共同研究の実施に伴い成果有体物を創作、抽出又は取得したときは、速やかに相手方にその旨を通知し、成果有体物の帰属及び取扱いについて、協議の上これを定めるものとする。

(秘密の保持)

第15条　本契約において「秘密情報」とは、提供情報等として相手方から開示又は提供された情報であって、次の各号のいずれかに該当するものをいう。

(1) 書面（電子メール及びその添付資料を含む。)、各種媒体（図面、写真、試料、サンプル及びＣＤ－ＲＯＭ等の記録媒体を含む。）その他有形的方法により開示又は提供された情報にあっては、当該有形的方法上に秘密である旨を明示して開示又は提供された情報（直接媒体上に秘密である旨が明示できない場合は、送付状等において明示することを妨げない。)

(2) 口頭その他無形的方法により開示された情報にあっては、開示時に秘密である旨を告知し、かつ、開示日から30日以内に、当該情報の内容、開示場所、開示者、受領者、開示日時等を甲乙間にて書面により確認した情報

2　前項の規定にかかわらず、次の各号のいずれかに該当する情報については、秘密情報に該当しないものとする。

(1) 開示又は提供を受けた際、既に公知となっている情報

(2) 開示又は提供を受けた後、自己の責に帰すべき事由によらずに公知となった情報

(3) 開示又は提供を受けた際、既に自己が保有していた情報

(4) 正当な権原を有する第三者から秘密保持義務を負うことなく自己が適法に取得した情報

(5) 秘密情報によることなく自己が独自に開発した情報

(6) 秘密情報から除外することについて書面により事前に相手方の同意を得た情報

3　甲及び乙は、秘密情報について秘密に保持し、相手方からの事前の書面により同意を得た場合を除き、第三者に開示、提供又は漏洩してはならない。ただし、法令、規則等に基づき裁判所、監督官庁等から秘密情報の開示を要求された場合、甲及び乙は、事前に相手方に通知した上で、必要最小限の情報に限り開示する

ことができる。
4　甲及び乙は、相手方の書面による事前の同意なしに、本契約の目的以外で秘密情報を使用してはならない。
5　本条は、本契約の有効期間中及び本契約終了後３年間有効に存続する。なお、甲乙協議の上、この期間を延長し又は短縮することができる。

（研究成果の公表）
第16条　甲及び乙は、研究成果を外部に公表（発表及び第三者への開示を含む。以下同様とする。）するときは、以下の各号に従い、研究成果を公表したい旨及びその概要を書面（電子メールを含む。）にて相手方に通知するものとする。ただし、研究成果に秘密情報が含まれている場合は、当該秘密情報の部分については、前条に定める秘密保持義務を遵守するものとする。
（1）学会又は講演会により公表する場合は、演題申込締切日の30日前までに相手方に通知する。
（2）論文により公表する場合は、論文投稿予定日の30日前までに相手方に通知する。
（3）前二号以外の方法で公表する場合は、公表予定日の30日前までに相手方に通知する。
2　甲及び乙は、前項の通知を受理後10日以内に公表についての可否を判断し、相手方に判断結果を回答するものとする。なお、甲が、研究成果の公表に関する同意を乙に求めたときは、乙は、学術研究上の成果の普及に努めるべき甲の社会的使命に鑑み、原則当該公表に同意し、当該公表が円滑に行われるよう協力するものとする。ただし、当該研究成果の公表により、発明等に関する特許等の出願、特許権等の取得に支障を来す場合その他合理的理由がある場合、甲及び乙は、公表の内容、方法又は時期について協議を行うものとする。
3　前二項に定める手続を要する期間は、本契約の有効期間中及び本契約終了後１年間とし、当該期間を経過した後は、甲及び乙は、前二項に定める手続を要することなく自由に研究成果を公表することができる。なお、甲及び乙は、協議の上、当該期間を延長し又は短縮することができる。

（契約の解除）
第17条　甲は、乙が研究経費を支払期限までに支払わない場合、乙への書面での通知をもって、直ちに本契約を解除することができる。

2　甲及び乙は、前項に定める場合を除き、相手方が本契約に違反した場合であって、相当な期間を定めて違反の是正を催告し当該期間内に違反が是正されないときは、その後相手方への書面での通知をもって、直ちに本契約を解除することができる。

3　甲及び乙は、相手方が次の各号のいずれかに該当した場合、何らの催告を要せず相手方への書面での通知をもって、本契約を解除することができる。

（1）破産手続、民事再生手続、会社更生手続又は特別清算手続の開始の申立てを行い又は申立てを受けた場合

（2）銀行取引停止処分を受け又は支払停止に陥った場合

（3）仮差押若しくは仮処分命令を受け、又は公租公課の滞納処分を受けた場合（ただし、第三債務者として差押え又は仮差押えを受けた場合を除く。）

（進行状況報告）

第18条　甲及び乙は、本契約の有効期間中、必要に応じて本共同研究の進行状況を相手方に報告し、以降の進行その他について協議するものとする。

（損害賠償）

第19条　甲及び乙は、故意又は重過失に基づき相手方に損害を与えた場合、損害を賠償する責任を負う。

（譲渡禁止）

第20条　甲及び乙は、本契約に別途定めのない限り、本契約上の地位及び本契約によって生ずる権利義務の全部又は一部を、相手方の事前の書面による承諾を得ることなく、第三者に譲渡し又は担保に供してはならない。

（本契約の有効期間）

第21条　本契約の有効期間は、本共同研究の研究期間と同一とする。

2　本契約の終了後においても、第４条第２項及び第３項、第７条第５項、第10条、第11条、第12条、第13条、第14条、第15条、第16条、第19条、第20条及び第23条の規定は、当該条項に定める期間又は各条項の目的とする事項が消滅するまで有効に存続するものとする。

（協議）
第22条　本契約に定めのない事項及び本契約の解釈について疑義が生じたときは、法令の規定に従うほか、甲及び乙は誠意をもって協議し解決を図るものとする。

（準拠法及び裁判管轄）
第23条　本契約の準拠法は日本国法とする。
２　甲及び乙は、被告の本店又は本部所在地を管轄する地方裁判所を、本契約に関する紛争の第一審の専属的合意管轄裁判所とする。

本契約の締結を証するため、本書２通を作成し、甲乙それぞれ記名押印の上、各１通を保管する。

○○年○○月○○日

（甲）
（乙）

別紙

項目表

１．研究題目	
２．研究内容	【研究の全体内容】 【研究分担内容・役割（甲）】 【研究分担内容・役割（乙）】
３．研究期間	年　月　日 ～ 年　月　日

4．研究担当者等 （氏名・所属・職名） ※印：研究代表者	区分	氏名	所属	職名
	甲	【研究担当者】 ※ 【研究協力者】		
	乙	【研究担当者】 ※ 【研究協力者】		

5．研究経費 （金額は全て消費税込み／年度をまたぐ場合には年度ごとに記入）	
（西暦）年度	
区分	金額（円）
直接経費	
間接経費	
研究経費合計（直接経費＋間接経費）	

6．研究経費の支払期限	甲の請求書発行日から起算して30日以内
7．研究実施場所	甲： 乙：

8．提供物品	名称	型番	数量

9．特記事項	

３　Q&A

Q1：企業との共有特許の交渉の基本的な考え方を教えてください。

A1：

まず、企業の「独占的実施」と「非独占的実施」の場合に分けて考えます。次に、それぞれについて、「出願等費用負担」「企業の自己実施の対価」「第三者への実施許諾時の企業の同意要否」の条件を検討します。

出願等費用負担

特許出願の出願や維持に係る費用です。特許庁の印紙代だけでなく弁理士（代理人）の費用も含みます。審査請求や拒絶理由通知対応等の中間処理費用も含みます。また、外国出願の費用も含みます。

企業の自己実施の対価

企業が共有特許を実施して商業化した場合、売上げ等に料率を掛けた対価（ランニングロイヤリティ）を大学等に支払うことです。なお、ランニングロイヤリティだけではなく、一時金やマイルストーンペイメントを含む場合もあります。また、商業化とは、製品販売又はサービスの提供を意味することが多いです。

第三者への実施許諾時の企業の同意要否

大学等が共有特許を第三者に実施許諾する場合、企業の同意が必要か否かです。特許法73条３項では「特許権が共有に係るときは、各共有者は、他の共有者の同意を得なければ、その特許権について専用実施権を設定し、又は他人に通常実施権を許諾することができない」と記載されているので、同意不要とは、包括的に同意を与えていると解釈します。

これらの３条件を総合的に考え、交渉します。

下表は、サンプル契約書12条の例です。

	独占的実施	非独占的実施（その１）	非独占的実施（その２）
出願等費用負担	企業全額負担	企業全額負担	企業全額負担
自己実施の対価	支払要	支払要	支払不要
第三者実施許諾の同意要否	不可	同意要	同意不要

Q2：特許出願時に「独占的実施」「非独占的実施」を決定できない、と言われました。どう交渉すればよいでしょうか？

A2：

独占／非独占を検討する期間を設けることが一般的です。これを「優先交渉期間」と呼んでいます。なぜ「優先」かというと、企業が「独占的実施」を選択する可能性があり、優先交渉期間中、大学等は実施許諾活動を行えないからです。「優先交渉期間」は、特許出願時から１年６か月を設定することが多いと思われます。これは、特許出願から１年６か月を経過すると出願が公開されるため、対象発明の秘密保持義務がなくなり、実施許諾活動が行いやすくなるからです。ほかには審査請求期限の３年を設定することもあります。また、優先交渉期間中は実施許諾活動を行えないため（独占的実施と同じ状態）、出願等費用は企業が全額負担することが多いです。

【参考条文】

優先交渉期間

1　乙は、本発明の特許出願日から１年６か月以内に、甲と協議の上、前条の選択を行わなければならない。以下、当該期間を「優先交渉期間」という。

2　乙は、優先交渉期間中に生じた本発明の特許出願及び維持に要する費用について、全額負担しなければならない。なお、優先交渉期間中に生じたか否かは、特許庁への手続日にて判断する。

3　甲は、優先交渉期間中、第三者に本発明の実施を許諾（実施許諾活動を含む。）してはならない。

Q3：産学連携の問題として「不実施補償」の言葉を聞きます。不実施補償とはなんでしょうか？

A3：

「不実施補償」とは、「企業は商業的に特許を実施するが、大学等は商業的に実施しない（不実施）。よって、企業が商業化した場合は、大学等に対価を支払う（補償する）」ということです。この考え方は、企業が非独占的実施の場合にも大学等に対価を支払うことになり、企業側からすると大きな抵抗感があります。

そこで、独占的実施時には大学等に対価を支払うが、非独占的実施時には大学等に対価を支払わない（独占実施補償）、という考え方が出てきました。大学等としては、非独占的実施時には「大学等は商業化もしないし、企業から対価も支払われない。これでは、特許を活用して金銭的利益を受けることができない」ということで、第三者への実施許諾を自由にできるようにする（企業の同意不要）、という交渉をすることが増えてきました。

これについては、各大学等でポリシーが異なるので、最終的には各大学等でご判断ください。

Q4：「特許権が設定登録されるまで対価は支払わない」と言われたらどうすればよいでしょうか？

A4：

「特許権が設定登録されない限り第三者に権利行使できないため対価を支払う必要はない」というのは説得力のある主張です。企業が独占的実施の場合は、大学等は第三者への実施許諾活動もできないため困ってしまいます。

そこで、解決案の一つとして、早期審査を行い早く特許を確定させることが考えられます。「大学等が早期審査を希望した場合、早期審査を行う」ことを交渉してはいかがでしょうか？　拒絶査定になった場合は、もともと対価をもらうべき特許ではなかったと考えればよいでしょう。

また、「特許権が設定登録された場合は、設定登録前の実施についても対価を支払う」という交渉もよく行われます。特許権が設定登録されれば設定登録前の実施も含めて対価が支払われることになります。この場合は、設定登録前の実施の対価は、第１回目の支払に含めて支払われることが多いようです。

Q5：大学等は発明者から特許を必ず承継しなければならないことを要求されたらどうすればよいでしょうか？

A5：

大学等は、「発明者から特許を承継しない（非承継）」を選択できることを希望する場合が多いです。これに対し、企業はおおむね特許を承継します（数年前の特許法改正により企業に原始帰属させている場合もあります。）。

大学等では、出願等費用を抑えるためにも、特許性や活用性が低い特許は非承継とし、発明者（研究者）の判断で活用してもらうことを考えます。

ところが、企業は、「共同研究契約は機関間の契約であり、成果物の権利は機関に帰属すべきであって研究者等の個人に帰属すべきではない（個人に帰属した場合、権利の安定性に欠ける。）」と主張します。契約は、当事者間が合意すればどのような条件でも構いませんが、企業の主張も理解できることから、大学等も対応を考えるべきかもしれません。また、最近では、国等の資金に基づく研究では、特許を機関に帰属させることを義務付ける契約も増えています。

なお、発明者から特許を必ず承継する場合は、発明者（研究者）とのトラブルを防ぐためにも、特許性や活用性の低い特許は大学等が権利放棄する可能性があることを発明者（研究者）に十分説明しておくことが大切です。

Q6：「共同研究成果の改良発明について、共同研究終了後に創出した場合協議しなければならない」と提案されました。問題になりそうな事項について教えてください。

A6：

例えば共同研究相手でない企業（第三者企業）と改良発明を創出した場合が問題になります。この場合、改良発明は、第三者企業との共有になりますが、これについて共同研究相手と協議することを第三者企業が許可するとは思えません。

よって、「改良発明とは何かを明確にし、協議する対象を限定する」「共同研究終了後●年間に創出した改良発明に限定する」等、上記のような問題が起こらないような工夫が必要です。

Q7：なぜ、企業との共同研究契約の交渉は時間がかかるのですか？

A7：

大学等と企業では、機関の性質や目的が異なります。このことが交渉の妥結に時間を要します。大学等は、非営利機関であり、主に学術研究を目的として共同研究を行います。一方、企業は、営利機関であり、事業の促進を念頭に置いて大学等と共同研究を行います。

また、知的財産権について、大学等は、自身では商業化しないが成果創出の貢献を主張し、企業からの対価（不実施補償）を求めます。さらに、研究成果の活用として、他企業へのライセンスも求めます。ところが、企業は、大学等への対価の支払があると商業化に影響を来すため、承諾し難いところです。また、第三者（特に競合他社）に技術が渡ることを避けるため、ライセンスにも制限をかけたいと考えます。秘密保持や研究成果の公表について、大学等は、秘密保持ではなく、論文や学会発表により公表を希望することが多いです。企業は、秘密保持を重要視し、学術発表を重要視しないこともあります。

このように種々の違いがある中で、大学等と企業とのwin-win条件とは何でしょうか。これを見いだすことには時間を要します。

	大学等	企業
機関の性質	非営利機関	営利機関
共同研究の目的	学術研究目的	事業を促進
知的財産権	・企業からの対価要望 （不実施補償） ・他企業へのライセンス希望	・対価不要を要望 ・他企業へのライセンス制限
秘密保持、 研究成果公表	・秘密保持は難しい ・論文、学会発表希望	・秘密保持は重要 ・学術発表の重要度は低い

Q8：学生が共同研究に参加する場合に、秘密保持義務や知的財産権について何か対処が必要でしょうか？

A8：

学生が共同研究に参加する場合、秘密保持義務や知的財産権の譲渡を定めた誓約書を学生に提出させることが考えられます。企業からすると、自社の情報の秘密保持が担保されず知的財産権の帰属も不安定な場合、大学等と共同研究を行うことができません。しかしながら、学生は、大学等との間に雇用関係がなく、教育を受けることを目的として在籍していることから、過度な義務を課してはならないものと考えられます。そこで、学生に誓約書を求める場合であっても、学生の自由意志に基づき、学生に誓約書の内容を理解させた上で提出させる等の工夫が必要です。また、最近では、給与を払って学生を雇用し、教職員と同様の扱いにするケースもあります。

【誓約書に定める主な項目】

・共同研究に参加することについて、教育上有意義であると自ら認め、自らの意思に基づき、自主的に参加を希望する。

・大学が承継を希望した場合、知的財産権を大学に譲渡する。知的財産権により収入を得た場合、教職員と同等の分配を受ける。
・共同研究契約の秘密情報の秘密を保持する。
・研究成果の公表については、研究代表者の指示を仰ぐ。
・卒業後においても誓約書を遵守する。

Q9：研究試料の提供についてもう少し詳しく取り決めたいと思うのですが、どうすればよいでしょうか？

A9：

研究試料の重要性は様々ですが、場合によっては、よりきちんと取り決めたいことがあります。この場合は、有体物提供契約（MTA）を別途締結するとよいと思います。有体物提供契約では、試料の提供方法、使用用途の制限、増殖・改変の可否など、取扱いを細かく定めます。ただし、この場合の有体物提供契約は共同研究契約の附則のような位置付けなので、共同研究契約に反しないように定めなければなりません。例えば有体物提供契約では「研究成果物は全て共有」としながら、共同研究契約では「創作者に帰属する」とした場合、矛盾が生じるので注意してください。なお、有体物提供契約の詳細は、本書の第3章を参照ください。

Q10：研究代表者が他大学に異動になりました。「研究開始時に想定し得なかったやむを得ない事由が生じた場合、責任を問われることなく共同研究を中止できる」という契約の場合、「やむを得ない事由」として共同研究を中止することは可能でしょうか？

A10：

「研究開始時に想定し得なかったやむを得ない事由が生じた場合、責任を問われることなく共同研究を中止できる」とする共同研究契約は多いと思います。では、研究代表者が他大学に異動することは「やむを得ない事由」に該当するのでしょうか？　正直なところよく分かりません。「やむを得ない事由」とは不可抗力に近い事項を指しますが、研究代表者の異動は自らの意思で行うことも多く、「やむを得ない事由」ということができない可能性もあります。また、共同研究は大学等の機関として行っているので、他の研究者を代替させる努力が必要とも考えられます。とはいえ、他の研究者の代替が難しく研究代表者がいなければ成り立たない研究が多いことも事実です。異動先の機関で共同研究を継続できれば問題ありませんが、継続できない場合は問題になる可能性があります。そこで、このような疑義を防ぐために、「やむを得ない事由」として研究代表者の異動や事故、長期病欠等を含むことを、契約に明記しておくほうがよいと思います。

Q11：「研究経費を前払ではなく成果払にしたい」と言われました。どうしたらよいでしょうか？

A11：

「研究経費は前払」を原則にしている大学等が多いと思います。特に研究者等を雇用する予定の研究では、研究経費が全額支払われないと雇用費が問題となります。ところが、企業からすると、研究をどの程度行ってもらえるか分からない段階で全額前払することはリスクがあります。そこで成果払という主張になります。成果払にも、「このような結果が出ないと研究経費を払えない（目標達成が必須）」と「このような研究を行ってくれないと研究経費を払えない（計画達成が必須）」があります。ここでは、前者を請負契約型、後者を委任契約型と呼ぶことにします。研究というのはどのような結果が出るか分からないので、請負契約型はリスクが大きいです。

一方、計画を実施すればよい委任契約型はリスクが小さく、また、行っていない研究の経費は本来返還すべきです。よって、委任契約型であれば、成果払であっても受け入れる余地があると思われます。このためには、研究内容と計画を詳細に定めることが重要です。

また、研究経費の執行は研究期間中に行うとする大学等も多いと思うので、成果払の場合は執行についても注意が必要です。

Q12：研究者の人件費等を研究経費に積算する動きがあると聞きます。どのような事例があるのか教えてください。

A12：

「産学官連携による共同研究強化のためのガイドライン（平成28年11月30日イノベーション促進産学官対話会議）」にて、費用負担の適正化の観点から、一例として人件費（人件費相当額を含む。）を研究経費に含むことが示唆されています。これを受け、人件費相当額を研究経費に積算する大学等が増えています。積算にはアワーレート方式（単価×時間）を採用している大学等が多いようです。

また、「産学官連携による共同研究強化のためのガイドライン【追補版】令和２年６月30日文部科学省、経済産業省」では、研究の「価値」を考慮した項目として、研究者の価値、研究成果の価値、研究マネジメントの価値を考慮した積算が示されています。

Q13：共同研究と同一研究又は類似研究を第三者と行うことの禁止を求められたら、どうすればよいでしょうか？

A13：

これについては、幾つかポイントが考えられます。「同一研究と類似研究」「研究代表者のみか、大学等全体か」「共同研究期間のみか、その後もか」について考察します。

また、「共同研究開発に関する独占禁止法上の指針（平成５年４月20日公正取引委員会）」（以下「独禁指針」という。）も関係するので、合わせて一読ください。

（1）同一研究と類似研究

類似研究については、類似の概念を明確にしておかないとトラブルになる可能性があります。類似の範囲でないと思い、第三者と研究を行ったところ、相手方から「類似の範囲である」と言われたという場合です。類似の概念を明確にできないのであれば、類似研究の禁止を受け入れることはリスクがあると思われます。

独禁指針では、同一研究についての制限は許容されていますが、類似研究の制限については特殊な場合に限定されています。また、共同研究のテーマ以外のテーマの研究を制限することは不公正な取引方法に該当するおそれが強いとされています。よって、類似研究は、原則制限されずに行うことができると思われます。

（2）研究代表者のみか、大学等全体か

研究代表者に制限すべきです。大学等全体は管理が難しい（事実上不可能）と思われます。

（3）共同研究期間のみか、その後もか

共同研究期間のみにすべきです。

独禁指針でも、特殊な場合を除き、研究期間後に同一研究を制限することは不公正な取引方法に該当するおそれが強いとされています。ただし、同一研究をすぐに第三者と行うと、成果が混同するおそれがあることもあると思うので、この場合は、共同研究終了後半年間など、制限を短期間にすることをお勧めします。

【参考条文】

甲の研究代表者及び乙は、本共同研究期間中、本共同研究と同一の研究を第三者と行ってはならない。なお、甲は、甲の研究代表者に本条を遵守させなければならない。

4　関連契約

（1）受託研究契約

共同研究契約と並んでよく使われる契約が、受託研究契約です。

受託研究と共同研究の違いは、大学等によって異なりますが、下記の考え方が多いです。

	受託研究	共同研究
形態	一方が研究を委託、他方が研究を受託	双方が共同して研究 （分担型、共同型）
研究者の参加	受託側のみ研究者が参加	双方の研究者が参加
研究経費	委託側が研究経費を負担	双方が研究経費を負担（大学等の研究経費の一部を企業が負担）

受託研究は、「企業が資金を提供（委託）、大学等が研究を実施（受託）」の形態が多く見られます。この場合、発明者は大学等の研究者のみとなることが想定されるため、特許権の帰属は大学等とする契約が多いです。

ただし、企業の研究者が情報提供し、発明の着想に貢献することも考えられるため、別途協議とする契約もあります。特許権が大学等に単独で帰属する場合、企業にとって資金提供するメリットがなくなります。よって、企業に優先交渉権を設定し、独占的通常実施権を希望できるようにすることが多いです。

国等の機関が受託研究の資金を提供する場合もあります。むしろ、企業よりも国等の機関が資金元のほうが多いようです。

特に国立研究開発法人科学技術振興機構（JST）、国立研究開発法人新エネルギー・産業技術総合開発機構（NEDO）、国立研究開発法人日本医療研究開発機構（AMED）、からの受託研究は多数を占めます。

国等の機関からの受託研究では、日本版バイ・ドール制度（産業技術力強化法17条）が適用されます。これは、次の4つの条件を受託者が約する場合、国の資金を基に委託する研究開発に係る知的財産権について、100％受託者に帰属させ得る制度です。

① 研究成果が得られた場合には国に報告すること。

② 国が公共の利益のために必要がある場合に、当該知的財産権を無償で国に実施許諾すること。

③ 当該知的財産権を相当期間利用していない場合に、国の要請に基づいて第三者に当該知的財産権を実施許諾すること。

④ 当該知的財産権の移転又は当該知的財産権を利用する権利の設定・移転の承諾に当たって、あらかじめ国の承認を受けること。

※参照：経済産業省ホームページ
日本版バイ・ドール制度（産業技術力強化法17条）

各機関によって、多少の条文の違いはありますが、上記の観点が記載されているので、運用する際に注意してください。

また、多くが、知的財産権を機関帰属にすることも義務付けられています。大学等は、発明者から知的財産権を非承継にするケースもありますが、このような受託研究の成果については承継しなければなりません。

（2）研究開発コンサルティング契約

研究開発コンサルティングとは、共同研究、受託研究とは別の活動です。

先端技術調査、共同研究のプレ検討、技術評価、知見提供等、大学等の研究者の知見・技術を活用し、様々な課題の解決を図ります。

「研究開発コンサルティング」という呼び名は、大学等で異なり、「学術指導」「学術コンサルティング」「技術指導」等、様々です。

また、活動の成果として知的財産権が創出される可能性は低いと考えられ、共同研究契約等の複雑な契約ではなく、簡便な手続で行うことも多いです。活動が発展し、知的財産権が生じそうな場合、共同研究契約等を新たに締結することもあります。

このような制度を設けることで、従来は研究者の兼業として行っていた活動を、所属機関の本務として行うことができます。これにより、所属機関の施設、設備、人材等を利用できます。また、資金についても、従来は研究者個人の謝金としていたものを、コンサルティング料等として所属機関が受領でき、研究室活動等に利用できます。また、間接費を設けることで、所属機関の活動の一助にもなります。

Joint Application Agreement

5 共同出願契約

第５章
Joint Application Agreement 共同出願契約

１　概要

共同出願契約は、複数の出願人が共同で特許出願（共同出願）する際に用いられる契約です。特許を受ける権利が共有に係るときは、各共有者は、他の共有者と共同でなければ、特許出願できません（特許法38条）。

共同研究の成果として発明が生じた場合、特許を受ける権利は共有になることが多く、この場合、共同出願契約を締結します。共同出願契約では、出願手続の方法や費用の負担、共有特許の取扱い等を定めます。

また、共同発明者の認定も重要です。特許を受ける権利は発明者に原始的に帰属するからです（特許法35条３項によるものを除く。）。

さらに、当該発明が職務発明か否かでも取扱いが異なります。

本章はこれらについて説明します。

共同出願契約

2　重要条文と条文解説

共同出願契約で重要な条文は、次のとおりです〈参考：第４章共同研究契約Ｑ＆Ａ１（86ページ）〉。

（1）費用負担

特許出願等に必要な費用の負担を定めます。外国出願を行う場合は、多額の費用が必要です。

（2）発明の実施

共有者の自己実施の条件です。特許法73条２項では、共有者は契約で別段の定をした場合を除き自由に実施できることになっていますが、産学連携では自己実施の条件を交渉することが多いです。

（3）第三者への実施許諾

第三者への実施許諾の条件です。特許法73条３項では他の共有者の同意を要することになっていますが、産学連携では共同出願契約で第三者への実施許諾の条件を交渉することが多いです。

これらを踏まえ、サンプル契約書（乙独占）（pp.109-113）の主要な条文を解説します。甲が大学等、乙が企業とします。

サンプル契約書は、次の条項から成り立っています。

第１条　定義
第２条　権利の共有
第３条　管理手続
第４条　費用負担【重要】
第５条　発明の実施【重要】
第６条　第三者への実施許諾【重要】
第７条　独占的実施の取消し
第８条　持分の譲渡及び放棄
第９条　発明者に対する補償
第10条　秘密保持
第11条　外国出願

第1条（定義）

本契約において、次の各号に掲げる用語の意義は、当該各号に定めるところによる。

（1）「本発明」とは、以下の発明をいう。

出願番号	【出願前は未記入とする】
発明の名称	
整理番号	甲： 乙：
発明者	甲： 乙：

（2）「本特許権」とは、本発明に係る特許を受ける権利及び設定登録される特許権をいう。

本条は、本契約において使用される用語を定義しています。

（1）第1号

「本発明」を特定します。出願前は「仮の発明の名称」や「整理番号」で特定します。出願後は「出願番号」を記入してください。

（2）第2号

「本特許権」には、設定登録された特許権だけではなく、特許を受ける権利を含みます。

第2条（権利の共有）

甲及び乙は、本特許権を共有するものとし、その持分は、甲：●%、乙：●%とする。

本条は、権利の共有と持分を定めています。

持分は、一般的には、「出願維持費用の負担割合」や「第三者からの実施料分配」に影響します。

持分は、発明の技術的な貢献度を加味して発明者間で決定することが多く、発明届出書に記載されます。

第3条（管理手続）

乙は、本出願に係る手続及び本特許権の維持保全に係る手続について、甲と協議の上行わなければならない。なお、乙は、手続の全部又は一部を自己が任意に選定する弁理士等の代理人に委託できる。

2　前項の手続は、国内優先権主張出願、分割出願及び変更出願を含む。

3　乙は、第１項の手続につき特許庁に提出した書面及び特許庁より交付された書面の写１通を遅滞なく甲に送付する（代理人をして送付せしめることを妨げない。）。

本条は、出願、維持管理手続を定めています。

（1）第1項

乙は、甲と協議の上、出願、中間処理、維持管理手続を行います（甲が行うケースもありますが、企業である乙が行うことが多いです。）。

乙は、手続を、弁理士等の代理人に委託できます。

（2）第2項

前項の手続には、国内優先権主張出願、分割出願、変更出願を含みます。14条に準用の規定があるので本項の記載は不要かもしれませんが、確認の意味で記載しています。

（3）第3項

乙は、特許庁への提出書面、特許庁からの交付書面の写し１通を甲に送付します。

代理人に行わせても構いません（このケースのほうが多いと思われます。）。

第４条（費用負担）【重要】

> 乙は、前条の手続に要する全ての費用を負担する。

本条は、出願・維持に要する費用負担を定めています。

乙は、独占的実施の場合、費用の全額を負担することが一般的です。

第５条（発明の実施）【重要】

> 甲は、教育又は研究目的で実施する場合を除き、本発明を実施してはならない。
> ２　乙は、前項の甲の実施を除き本発明を独占的に実施でき、独占的な実施に対する対価を甲に支払わなければならない。
> ３　乙は、本発明を実施する場合、事前にその旨を甲に通知しなければならない。甲及び乙は、当該通知後、前項の対価の額及び支払条件等を決定する。
> ４　乙は、甲からの求めがあった場合、本発明の実施予定等の甲が要求する事項について、速やかに書面にて報告しなければならない。

本条は、本発明の自己実施を定めています。

本契約は、「乙の独占的実施のケース」のため、次のようになります。なお、本サンプル契約は、乙が実施を決定した時点で対価を協議しますが、独占的実施では、共同出願契約を締結した時点で独占権設定の対価（一時金が多いです。）を得ることもあります。

甲）教育・研究以外の目的では実施できません（第１項）。

乙）・独占的に実施できます（第２項）。

・実施する場合は甲に対価を支払います（第２項）。

（「商業的に」とは記載されていないので、文言上は研究・開発目的の実施でも対価の支払が必要となります。しかしながら、商業的に実施が決定した時点で、一時金や売上げに応じたロイヤリティを対価として支払うことが多いようです。）

・実施する前に甲に通知します。この時点で、対価の額や支払方法を協議し、実施契約を締結します。一時金や売上げに応じたロイヤリティ等、各大学等でポリシーが異なるので、自大学等のポリシーを確認してください（第３項）。

・甲が要求した場合、実施予定等について、甲に報告する義務があります。乙の実施の可能性を確認することで、対価の協議をスムーズに進めることができます。また、実施予定がない場合、独占的実施の取消し（７条）を検討できます（第４項）。

第６条（第三者への実施許諾）【重要】

> 甲は、第三者に本発明の実施を許諾してはならない。
> 2　乙は、甲の同意なく、第三者に本発明の実施を許諾することができる。ただし、乙は、実施許諾後に実施権者名を甲に通知しなければならない。
> 3　甲及び乙は、前項の実施許諾により乙が第三者から得た実施料について、本特許権の持分に応じて分配する。なお、乙は、別途定める時期及び方法により、実施料の分配金を甲に支払うものとする。

本条は、第三者への実施許諾を定めています。

本契約は、「乙の独占的実施のケース」のため、次のようになります。

甲）第三者に実施許諾できません（第１項）。

乙）・甲の同意なく実施許諾できます。実施許諾を行った場合、実施許諾後、実施権者名を甲に通知します。甲が本特許権の活用状況を把握するためです（第２項）。

・第三者からの実施料は持分で分配します。具体的な分配時期、分配方法については、別途定めます（第３項）。

第７条（独占的実施の取消し）

> 甲は、本出願日から●年間経過した後であって乙の本発明の実施の予定がない場合、乙への書面による通知により、第５条第２項に定める乙の独占的実施権を取り消すことができる。
> 2　前項により乙の独占的実施権が取り消された場合、その後の乙の本発明の実施は非独占的な実施とする。この場合、甲は、第６条第１項の定めにかかわらず、乙の同意なく、第三者に非独占的な本発明の実施を許諾することができる。た

だし、甲は、実施許諾後に実施権者名を乙に通知しなければならない。
3　甲及び乙は、前項の実施許諾により甲が第三者から得た実施料について、本特許権の持分に応じて分配する。なお、甲は、別途定める時期及び方法により、実施料の分配金を乙に支払うものとする。
4　甲及び乙は、乙の独占的実施権の取消し時、乙の本発明の非独占的実施の対価の要否及び額について協議し決定する。

本条は、乙の独占的実施の取消しを定めています。

次の手順で、乙の独占的実施を取り消すことができます（第1項）。

（1）本出願日から●年間経過した後であって、乙に実施予定がない。
（2）乙への書面による通知
⇒ 独占的実施を取り消すことができる。

乙の独占的実施取消し後は、次の取扱いとなります。

（1）甲は、乙の同意なく実施許諾できます。実施許諾を行った場合、実施許諾後、実施権者名を乙に通知します。第三者からの実施料は持分で分配します。具体的な分配時期、分配方法については、別途定めます（第2項、第3項）。
（2）乙の自己実施は非独占的実施となります。この場合、甲への対価の支払の要否や金額は、独占的実施取消し時に決定します（第4項）。

第8条（持分の譲渡及び放棄）

甲及び乙は、書面による事前の相手方の承諾なしに、本特許権の自己の持分の全部又は一部を第三者に譲渡し又は担保に供してはならない。
2　甲及び乙は、事前に相手方に通知の上、本特許権の自己の持分を放棄することができる。
3　甲及び乙は、前項に基づく本特許権の放棄が生じた場合、速やかに名義変更手続を行うものとする。なお、名義変更手続に要する費用は、本特許権を譲り受ける者が負担する。また、本特許権を放棄する者は、名義変更手続に協力しなければならない。

本条は、持分の譲渡、放棄を定めています。

（1）第1項

相手方の承諾なしに、持分を第三者に譲渡できません（持分の一部譲渡であっても承諾が必要です。）。また、担保に供することもできません。

なお、一般承継の場合、承諾は不要です。例えば会社の吸収・合併による承継については、自動的に持分が移転します。

（2）第2項

持分の放棄については、相手方に事前通知の上、自由に行うことができます。

（3）第3項

持分の放棄が生じた場合、速やかに名義変更手続を行う旨を記載しています。特許庁に名義変更手続を行わなければ、公には権利者の変更がなされていません（特許法34条）。名義変更手続の費用は持分の譲受人が負担します。譲受人が権利を継続して保有するからです。

持分の放棄を行う者は、名義変更手続に必要な協力を行います。

特許権が成立している場合は、移転登録手続となります（特許法98条）。

第9条（発明者に対する補償）

> 甲及び乙は、本発明の発明者に対する補償について、自己に属する発明者に対し、自己の規程に基づきこれを行う。

本条は、発明者補償を定めています。

相手方の発明者に対しての補償義務はありません。

本条は、「補償」と定めていますが、特許法35条の「相当の利益を受ける権利」を意味しています。

第10条（秘密保持）

> 甲及び乙は、本発明について、出願公開等で公知となるまで秘密に保持し、書面による事前の相手方の承諾なしに、第三者に開示してはならない。

本条は、秘密保持を定めています。

本発明は、公知となるまでは秘密保持義務を負います。出願公開前の実施許諾活動は、注意を要します。

第11条（外国出願）

> 本発明に係る外国出願の要否及び出願国〈特許協力条約（PCT）に基づく国際出願した場合の各国内移行を含む。〉については、甲乙協議し決定する。
> 2　前項に基づき出願された外国出願の取扱いは、本契約を準用する。

本条は、外国出願（PCTを含む。）を定めています。

外国出願の要否、出願国（PCT移行国を含む。）は、協議して決定します。乙が全額費用負担しており、事業主体であることから、乙の意見を尊重することが多いようです。

外国出願の取扱いは、本契約を準用します。つまり、日本国出願と同様の取扱いとなります。

第12条（有効期間）

> 本契約の有効期間は、本出願の出願日から本特許権が消滅するまでとする。ただし、次の各号の一に該当するに至ったときは、該当する日をもって終了する。
> （1）本出願が放棄され、取り下げられ、又は却下されたとき（取下げ擬制となったときを含む。）。
> （2）本出願について拒絶すべき旨の査定又は審決が確定したとき。
> （3）自己の持分の放棄又は譲渡により、本特許権が甲又は乙のいずれか一の当事者にのみ帰属することとなったとき。
> 2　前項の定めにかかわらず、第8条第3項、第10条（秘密保持）及び第16条（準拠法及び裁判管轄）については、その後も有効に存続する。

本条は、本契約の有効期間を定めています。

（1）第1項

本契約の有効期間は、本特許権が消滅するまでとなります。消滅の原因としては、特許権の存続期間の満了のほか、特許料の未納、特許異議申立てによる取消し決定、特許無効審判による無効審決の確定があります。

国内優先権主張出願、変更出願、分割出願、外国出願は準用扱いになっているので、これらの出願が存在する場合は、これら全てが消滅するまで有効となります。

ただし、次のいずれかに該当した場合、その時点で契約は終了します。

・本出願が放棄等された場合、又は拒絶の旨が確定した場合

・持分放棄・譲渡により権利者が一者になった場合

(2) 第2項

本契約終了後も、８条３項、10条（秘密保持）と16条（準拠法及び裁判管轄）は有効となります。

出願公開前に特許出願を取り下げた場合、本発明は公知となっていないので、秘密保持義務を負うことに注意してください（ただし、その後の研究発表等で本発明が公知となった場合、それ以降は秘密保持義務を負いません。）。

第13条（技術移転機関の利用）、第14条（準用）、第15条（協議）、第16条（準拠法及び裁判管轄）は、解説省略

サンプル契約書

共同出願契約書（乙独占）

●●（以下「甲」という。）と■■（以下「乙」という。）は、第１条に定める本発明についての特許出願（以下「本出願」という。）を共同で実施するに当たり、次のとおり契約（以下「本契約」という。）を締結する。

（定義）

第１条　本契約において、次の各号に掲げる用語の意義は、当該各号に定めるところによる。

（1）「本発明」とは、以下の発明をいう。

出願番号	【出願前は未記入とする】
発明の名称	
整理番号	甲： 乙：
発明者	甲： 乙：

（2）「本特許権」とは、本発明に係る特許を受ける権利及び設定登録される特許権をいう。

（権利の共有）

第2条　甲及び乙は、本特許権を共有するものとし、その持分は、甲：●%、乙：●%とする。

（管理手続）

第3条　乙は、本出願に係る手続及び本特許権の維持保全に係る手続について、甲と協議の上行わなければならない。なお、乙は、手続の全部又は一部を自己が任意に選定する弁理士等の代理人に委託できる。

2　前項の手続は、国内優先権主張出願、分割出願及び変更出願を含む。

3　乙は、第1項の手続につき特許庁に提出した書面及び特許庁より交付された書面の写1通を遅滞なく甲に送付する（代理人をして送付せしめることを妨げない。）。

（費用負担）

第4条　乙は、前条の手続に要する全ての費用を負担する。

（発明の実施）

第5条　甲は、教育又は研究目的で実施する場合を除き、本発明を実施してはならない。

2　乙は、前項の甲の実施を除き本発明を独占的に実施でき、独占的な実施に対する対価を甲に支払わなければならない。

3　乙は、本発明を実施する場合、事前にその旨を甲に通知しなければならない。甲及び乙は、当該通知後、前項の対価の額及び支払条件等を決定する。
4　乙は、甲からの求めがあった場合、本発明の実施予定等の甲が要求する事項について、速やかに書面にて報告しなければならない。

（第三者への実施許諾）
第6条　甲は、第三者に本発明の実施を許諾してはならない。
2　乙は、甲の同意なく、第三者に本発明の実施を許諾することができる。ただし、乙は、実施許諾後に実施権者名を甲に通知しなければならない。
3　甲及び乙は、前項の実施許諾により乙が第三者から得た実施料について、本特許権の持分に応じて分配する。なお、乙は、別途定める時期及び方法により、実施料の分配金を甲に支払うものとする。

（独占的実施の取消し）
第7条　甲は、本出願日から●年間経過した後であって乙の本発明の実施の予定がない場合、乙への書面による通知により、第5条第2項に定める乙の独占的実施権を取り消すことができる。
2　前項により乙の独占的実施権が取り消された場合、その後の乙の本発明の実施は非独占的な実施とする。この場合、甲は、第6条第1項の定めにかかわらず、乙の同意なく、第三者に非独占的な本発明の実施を許諾することができる。ただし、甲は、実施許諾後に実施権者名を乙に通知しなければならない。
3　甲及び乙は、前項の実施許諾により甲が第三者から得た実施料について、本特許権の持分に応じて分配する。なお、甲は、別途定める時期及び方法により、実施料の分配金を乙に支払うものとする。
4　甲及び乙は、乙の独占的実施権の取消し時、乙の本発明の非独占的実施の対価の要否及び額について協議し決定する。

（持分の譲渡及び放棄）
第8条　甲及び乙は、書面による事前の相手方の承諾なしに、本特許権の自己の持分の全部又は一部を第三者に譲渡し又は担保に供してはならない。
2　甲及び乙は、事前に相手方に通知の上、本特許権の自己の持分を放棄することができる。
3　甲及び乙は、前項に基づく本特許権の放棄が生じた場合、速やかに名義変更手続を行うものとする。なお、名義変更手続に要する費用は、本特許権を譲り受ける者が負担する。また、本特許権を放棄する者は、名義変更手続に協力しなければならない。

（発明者に対する補償）

第9条　甲及び乙は、本発明の発明者に対する補償について、自己に属する発明者に対し、自己の規程に基づきこれを行う。

（秘密保持）

第10条　甲及び乙は、本発明について、出願公開等で公知となるまで秘密に保持し、書面による事前の相手方の承諾なしに、第三者に開示してはならない。

（外国出願）

第11条　本発明に係る外国出願の要否及び出願国〈特許協力条約（PCT）に基づく国際出願した場合の各国内移行を含む。〉については、甲乙協議し決定する。

2　前項に基づき出願された外国出願の取扱いは、本契約を準用する。

（有効期間）

第12条　本契約の有効期間は、本出願の出願日から本特許権が消滅するまでとする。ただし、次の各号の一に該当するに至ったときは、該当する日をもって終了する。

（1）本出願が放棄され、取り下げられ、又は却下されたとき（取下げ擬制となったときを含む。）。

（2）本出願について拒絶すべき旨の査定又は審決が確定したとき。

（3）自己の持分の放棄又は譲渡により、本特許権が甲又は乙のいずれか一の当事者にのみ帰属することとなったとき。

2　前項の定めにかかわらず、第8条第3項、第10条（秘密保持）及び第16条（準拠法及び裁判管轄）については、その後も有効に存続する。

（技術移転機関の利用）

第13条　甲は、自己が指定する技術移転機関（以下「甲の指定技術移転機関」という。）に対し、本発明の第三者への実施許諾活動を含む本契約に基づく自己の業務を委託することができる。

2　甲は、甲の指定技術移転機関に対し、本契約で自己が負う義務と同等の義務を課し、当該義務の履行について責任を負わなければならない。
3　甲は、第10条の定めにかかわらず、甲の指定技術移転機関に対し、第１項に定める委託業務を履行するのに必要な範囲で本発明の内容を開示することができる。

(準用)
第14条　本契約は、本出願を出願変更した場合、本出願に係る分割出願を行った場合及び本出願に基づく国内優先権主張出願を行った場合に準用する。

(協議)
第15条　甲及び乙は、本契約に定めのない事項又は本契約の解釈について疑義が生じた場合、法令の定めに従うほか、誠意をもって協議し解決を図るものとする。

(準拠法及び裁判管轄)
第16条　本契約の準拠法は日本国法とする。
2　甲及び乙は、被告の本店又は本部所在地を管轄する地方裁判所を、本契約に関する紛争の第一審の専属的合意管轄裁判所とする。

本契約の締結を証するため、本書２通を作成し、甲乙それぞれ記名押印の上、各１通を保管する。

○○年○○月○○日

(甲)
(乙)

サンプル契約書

共同出願契約書（乙非独占）

●●（以下「甲」という。）と■■（以下「乙」という。）は、第1条に定める本発明についての特許出願（以下「本出願」という。）を共同で実施するに当たり、次のとおり契約（以下「本契約」という。）を締結する。

（定義）
第1条　本契約において、次の各号に掲げる用語の意義は、当該各号に定めるところによる。
（1）「本発明」とは、以下の発明をいう。

出願番号	【出願前は未記入とする】
発明の名称	
整理番号	甲： 乙：
発明者	甲： 乙：

（2）「本特許権」とは、本発明に係る特許を受ける権利及び設定登録される特許権をいう。

（権利の共有）
第2条　甲及び乙は、本特許権を共有するものとし、その持分は、甲：●%、乙：●%とする。

（管理手続）
第3条　乙は、本出願に係る手続及び本特許権の維持保全に係る手続について、甲と協議の上行わなければならない。なお、乙は、手続の全部又は一部を自己が任意に選定する弁理士等の代理人に委託できる。
2　前項の手続は、国内優先権主張出願、分割出願及び変更出願を含む。
3　乙は、第1項の手続につき特許庁に提出した書面及び特許庁より交付された書面の写1通を遅滞なく甲に送付する（代理人をして送付せしめることを妨げない。）。

（費用負担）
第4条　乙は、前条の手続に要する全ての費用を負担する。

（発明の実施）
第5条　甲は、教育又は研究目的で実施する場合を除き、本発明を実施してはならない。
2　乙は、甲が教育又は研究目的以外で実施しないことに鑑み、商業的な実施に対する対価を甲に支払わなければならない。
3　乙は、本発明を実施する場合、事前にその旨を甲に通知しなければならない。甲及び乙は、当該通知後、当該実施が商業的な実施に該当するか否か、また、該当する場合は対価の額及び支払条件等を協議し決定する。
4　乙は、甲からの求めがあった場合、本発明の実施予定等の甲が要求する事項について、速やかに書面にて報告しなければならない。

（第三者への実施許諾）
第6条　甲及び乙は、各々、自己が定める条件にて、第三者に対し、非独占的な本発明の実施を許諾することができ、相手方はこれに同意する（以下、実施許諾を受ける第三者を「実施権者」といい、実施権者と主に交渉した当事者を「実施許諾活動者」という。）。
2　甲及び乙は、前項の実施許諾について、実施権者との条件交渉に際し、相手方に意見を求めることができる。
3　実施許諾契約は、甲、乙及び実施権者の3者にて締結するものとする。
4　甲及び乙は、実施権者から得た実施料について、実施許諾活動者が実施許諾の成功報酬として実施料の●%を優先的に取得し、残実施料を本特許権の持分に応じて分配する。

（持分の譲渡及び放棄）
第7条　甲及び乙は、書面による事前の相手方の承諾なしに、本特許権の自己の持分の全部又は一部を第三者に譲渡し又は担保に供してはならない。
2　甲及び乙は、事前に相手方に通知の上、本特許権の自己の持分を放棄することができる。

3　甲及び乙は、前項に基づく本特許権の放棄が生じた場合、速やかに名義変更手続を行うものとする。なお、名義変更手続に要する費用は、本特許権を譲り受ける者が負担する。また、本特許権を放棄する者は、名義変更手続に協力しなければならない。

(発明者に対する補償)

第８条　甲及び乙は、本発明の発明者に対する補償について、自己に属する発明者に対し、自己の規程に基づきこれを行う。

(秘密保持)

第９条　甲及び乙は、本発明について、出願公開等で公知となるまで秘密に保持し、第三者に開示してはならない。ただし、当該各号のいずれかに該当するときは、この限りでない。

（１）事前に相手方の承諾を得て開示する。

（２）第三者に実施許諾する目的であることを相手方に通知して開示する。

2　甲及び乙は、開示した第三者に対し、本契約で自己が負う義務と同等の義務を課し、当該義務の履行について責任を負わなければならない。

(外国出願)

第10条　本発明に係る外国出願の要否及び出願国〈特許協力条約（PCT）に基づく国際出願した場合の各国内移行を含む。〉については、甲乙協議し決定する。

2　前項に基づき出願された外国出願の取扱いは、本契約を準用する。

(有効期間)

第11条　本契約の有効期間は、本出願の出願日から本特許権が消滅するまでとする。ただし、次の各号の一に該当するに至ったときは、該当する日をもって終了する。

（１）本出願が放棄され、取り下げられ、又は却下されたとき（取下げ擬制となったときを含む。)。

（２）本出願について拒絶すべき旨の査定又は審決が確定したとき。

（３）自己の持分の放棄又は譲渡により、本特許権が甲又は乙のいずれか一の当事者にのみ帰属することとなったとき。

2　前項の定めにかかわらず、第７条第３項、第９条（秘密保持）及び第15条（準拠法及び裁判管轄）については、その後も有効に存続する。

（技術移転機関の利用）

第12条　甲は、自己が指定する技術移転機関（以下「甲の指定技術移転機関」という。）に対し、本発明の第三者への実施許諾活動を含む本契約に基づく自己の業務を委託することができる。

2　甲は、甲の指定技術移転機関に対し、本契約で自己が負う義務と同等の義務を課し、当該義務の履行について責任を負わなければならない。

3　甲は、第９条の定めにかかわらず、甲の指定技術移転機関に対し、第１項に定める委託業務を履行するのに必要な範囲で本発明の内容を開示することができる。

（準用）

第13条　本契約は、本出願を出願変更した場合、本出願に係る分割出願を行った場合及び本出願に基づく国内優先権主張出願を行った場合に準用する。

（協議）

第14条　甲及び乙は、本契約に定めのない事項又は本契約の解釈について疑義が生じた場合、法令の定めに従うほか、誠意をもって協議し解決を図るものとする。

（準拠法及び裁判管轄）

第15条　本契約の準拠法は日本国法とする。

2　甲及び乙は、被告の本店又は本部所在地を管轄する地方裁判所を、本契約に関する紛争の第一審の専属的合意管轄裁判所とする。

本契約の締結を証するため、本書２通を作成し、甲乙それぞれ記名押印の上、各１通を保管する。

○○年○○月○○日

（甲）

（乙）

サンプル契約書

共同出願契約書（甲乙公的機関）

●●（以下「甲」という。）と■■（以下「乙」という。）は、第１条に定める本発明についての特許出願（以下「本出願」という。）を共同で実施するに当たり、次のとおり契約（以下「本契約」という。）を締結する。

（定義）

第１条　本契約において、次の各号に掲げる用語の意義は、当該各号に定めるところによる。

（1）「本発明」とは、以下の発明をいう。

出願番号	【出願前は未記入とする】
発明の名称	
整理番号	甲： 乙：
発明者	甲： 乙：

（2）「本特許権」とは、本発明に係る特許を受ける権利及び設定登録される特許権をいう。

（権利の共有）

第２条　甲及び乙は、本特許権を共有するものとし、その持分は、甲：●%、乙：●%とする。

（管理手続）

第３条　甲は、本出願に係る手続及び本特許権の維持保全に係る手続について、乙と協議の上行わなければならない。なお、甲は、手続の全部又は一部を自己が任意に選定する弁理士等の代理人に委託できる。

2　前項の手続は、国内優先権主張出願、分割出願及び変更出願を含む。

3　甲は、第１項の手続につき特許庁に提出した書面及び特許庁より交付された書面の写１通を遅滞なく乙に送付する（代理人をして送付せしめることを妨げない。）。

（費用負担）
第４条　甲及び乙は、前条の手続に要する費用を本特許権の持分に応じて負担する。

（発明の実施）
第５条　甲及び乙は、相手方へいかなる対価の支払を要せず、本発明を実施できる。

（第三者への実施許諾）
第６条　甲のみ、本発明の第三者への実施許諾活動を行うことができ、乙は実施許諾活動を行ってはならない。（以下、実施許諾を受ける第三者を「実施権者」という。）。
2　甲は、本発明の実施許諾について、実施権者の選定、独占・非独占の形態及び実施許諾条件を独自に決定することができ、乙はこれに同意するものとする。なお、甲は、必要と判断する場合、実施許諾条件等について乙に意見を求めることができる。
3　実施許諾契約は、甲、乙及び実施権者の３者にて締結するものとする。
4　甲及び乙は、実施権者から取得した実施料について、甲が実施許諾の成功報酬として実施料の●％を優先的に取得し、残実施料を本特許権の持分に応じて分配する。
5　乙は、本出願日から●年間甲が実施許諾活動を行わない場合（実施許諾活動が十分でないと乙が判断した場合を含む。）、実施許諾活動の担当の交代又は甲及び乙の両者が実施許諾活動を行うことができるよう要望することができる。甲は、正当な理由がない限り、当該要望を受け入れるものとする。

（持分の譲渡及び放棄）
第７条　甲及び乙は、書面による事前の相手方の承諾なしに、本特許権の自己の持分の全部又は一部を第三者に譲渡し又は担保に供してはならない。
2　甲及び乙は、事前に相手方に通知の上、本特許権の自己の持分を放棄することができる。
3　甲及び乙は、前項に基づく本特許権の放棄が生じた場合、速やかに名義変更手続を行うものとする。なお、名義変更手続に要する費用は、本特許権を譲り受ける者が負担する。また、本特許権を放棄する者は、名義変更手続に協力しなければならない。

(発明者に対する補償)

第8条　甲及び乙は、本発明の発明者に対する補償について、自己に属する発明者に対し、自己の規程に基づきこれを行う。

(秘密保持)

第9条　甲及び乙は、本発明について、出願公開等で公知となるまで秘密に保持し、第三者に開示してはならない。ただし、当該各号のいずれかに該当するときは、この限りでない。

（1）事前に相手方の承諾を得て開示する。

（2）第三者に実施許諾する目的であることを相手方に通知して開示する。

2　甲及び乙は、開示した第三者に対し、本契約で自己が負う義務と同等の義務を課し、当該義務の履行について責任を負わなければならない。

(外国出願)

第10条　本発明に係る外国出願の要否及び出願国〈特許協力条約（PCT）に基づく国際出願した場合の各国内移行を含む。〉については、甲乙協議し決定する。

2　前項に基づき出願された外国出願の取扱いは、本契約を準用する。

(有効期間)

第11条　本契約の有効期間は、本出願の出願日から本特許権が消滅するまでとする。ただし、次の各号の一に該当するに至ったときは、該当する日をもって終了する。

（1）本出願が放棄され、取り下げられ、又は却下されたとき（取下げ擬制となったときを含む。）。

（2）本出願について拒絶すべき旨の査定又は審決が確定したとき。

（3）自己の持分の放棄又は譲渡により、本特許権が甲又は乙のいずれか一の当事者にのみ帰属することとなったとき。

2　前項の定めにかかわらず、第7条第3項、第9条（秘密保持）及び第15条（準拠法及び裁判管轄）については、その後も有効に存続する。

(技術移転機関の利用)

第12条　甲及び乙は、自己が指定する技術移転機関（以下「自己の指定技術移転機関」という。）に対し、本発明の第三者への実施許諾活動を含む本契約に基づく自己の業務を委託することができる。

2　甲及び乙は、自己の指定技術移転機関に対し、本契約で自己が負う義務と同等の義務を課し、当該義務の履行について責任を負わなければならない。

3　甲及び乙は、第９条の定めにかかわらず、自己の指定技術移転機関に対し、第１項に定める委託業務を履行するのに必要な範囲で本発明の内容を開示することができる。

(準用)

第13条　本契約は、本出願を出願変更した場合、本出願に係る分割出願を行った場合及び本出願に基づく国内優先権主張出願を行った場合に準用する。

(協議)

第14条　甲及び乙は、本契約に定めのない事項又は本契約の解釈について疑義が生じた場合、法令の定めに従うほか、誠意をもって協議し解決を図るものとする。

(準拠法及び裁判管轄)

第15条　本契約の準拠法は日本国法とする。

2　甲及び乙は、被告の本店又は本部所在地を管轄する地方裁判所を、本契約に関する紛争の第一審の専属的合意管轄裁判所とする。

本契約の締結を証するため、本書２通を作成し、甲乙それぞれ記名押印の上、各１通を保管する。

○○年○○月○○日

(甲)

(乙)

3　Q&A

Q1：「発明者」の考え方について教えてください。

A1：

特許法には発明者の定義はありません。ただし、判例で次のように示唆されています。

（1）発明者とは、「当該発明の技術的思想の創作に貢献することが必要である。つまり、新しい着想をした者あるいは同着想を具体化した者の少なくともいずれかに該当する者でなければならない。新しい着想をした者は、原則として発明者であるものの、この着想とは、課題とその解決手段ないし方法が具体的に認識され、技術に関する思想として概念化されたものである必要があり、単なる思いつき以上のものでなければならない。また、新しい着想を具体化した者は、その実験やデータの評価などの具体化が当事者にとって自明でない限り、発明者たりうる」（東京地判平成18年１月26日）。

（2）また、「①部下の研究者に対し、具体的着想を示さずに、単に研究テーマを与えたり、一般的な助言や指導を行ったにすぎない者（単なる管理者）、②研究者の指示に従い、単にデータをまとめた者や実験を行った者（単なる補助者）、③発明者に資金や設備を提供するなどし、発明の完成を援助した者又は委託した者（単なる後援者・委託者）は、発明者たり得ない」（東京地判平成18年１月26日）。

これらのことに留意して、発明者を特定してください。

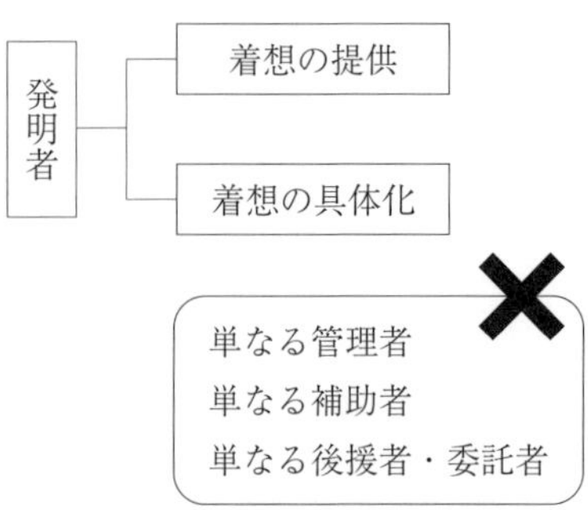

Q2：職務発明について教えてください。

A2：

発明のうち、次の（1）から（3）の全てに該当するものを「職務発明」といいます。

（1）従業者等のなした発明であること

（2）その性質上当該使用者等の業務範囲に属すること

（3）その発明をするに至った行為がその使用者等における従業者等の現在又は過去の職務に属すること

『特許法』（中山信弘著　弘文堂）では、職務発明の要件について、次のように説明しています。

従業者と使用者の関係について、「当該従業者に対して指揮命令権があり、中心的な援助をなした者が当該従業者の使用者となる。特許法第35条にいう使用者とは、必ずしも労働法にいう使用者、あるいは雇用契約上の使用者に限らず、発明の奨励によって産業の発展を図るという特許法的観点から判断すべきである。そのような観点からは、給与の実質的支給者は誰かという点は最大のメルクマールになろうが、それだけではなく研究施設の提供、研究補助者の提供、指揮命令関係、投資リスクの負担者等を総合的に勘案し使用者を決定すべきである」「派遣社員は派遣会社から給与を支給されており、形式的には派遣会社の従業者となるが、実質的には、被派遣会社の正規従業者と事実上類似の仕事を行っているような場合には、特許法上は被派遣会社を使用者と見るべきである」。

また、使用者等の業務範囲については、「使用者が現に行っている、あるいは将来行うことが具体的に予定されている全業務を指すと解すべきである」。

さらに、従業者等の職務については、「使用者から具体的に指示されたものだけではなく、自発的に研究テーマを見つけて発明をなした場合でも職務発明となることがありうる。例えば、自発的に研究テーマを見つけ発明を完成させた場合でも、その従業者の本来の職務内容から客観的に見て、そのような発明を試み完成させることが使用者との関係で一般的に予定され、使用者が便宜を供与し援助しているような場合は職務になる」。

発明が生じた場合、これら３要件に該当するかどうかを検討し、職務発明か否かを判断します。職務発明の場合、発明者から特許を受ける権利を承継できます。承継の方法については、次のQ&Aで説明します。

学生の発明について

学生は従業者等ではないため、学生の発明は職務発明にはなりません。したがって、大学と学生が譲渡契約を締結することで権利を譲り受けます。譲渡契約では、学生から特許を受ける権利を譲り受けることや譲渡対価を定めます。譲渡対価の額は、大学の研究者等に支払う報奨金等と同額とすることが多いようです。

Q3：職務発明であれば、発明者から特許を受ける権利を承継できますが、このことについて詳しく教えてください。

A3：

使用者等である大学等が、従業者等である発明者から特許を受ける権利を承継する方法として、次の２つの方法があります。

（1）発明創出後に発明者から承継する方法

「産業上利用することができる発明をした者は、…、その発明について特許を受けることができる（特許法29条１項柱書）」。よって、特許を受ける権利は発明者たる従業者等に原始的に帰属します。

また、「従業者等がした発明については、その発明が職務発明である場合を除き、あらかじめ、使用者等に特許を受ける権利を取得させ、使用者等に特許権を承継させ、又は使用者等のため仮専用実施権若しくは専用実施権を設定することを定めた契約、勤務規則その他の定めの条項は、無効とする（特許法35条２項）」は、職務発明であれば承継することを許容していると解釈されています（「職務発明であれば無効とならない」と読みます。)。よって、職務発明規程等に承継することの定めがあれば、発明者から特許を受ける権利を承継することができます。

このパターンは従来からの方法で、多くの大学等は現在でもこの方法を採用しています。

(2) 発明創出時に使用者等に帰属する方法

この方法は、平成27年法改正により導入されました。

「従業者等がした職務発明については、契約、勤務規則その他の定めにおいてあらかじめ使用者等に特許を受ける権利を取得させることを定めたときは、その特許を受ける権利は、その発生した時から当該使用者等に帰属する(特許法35条3項)」。これにより、特許を受ける権利が発生した時、すなわち従業者等が職務発明を生み出した瞬間から、その特許を受ける権利は使用者等に帰属することになります。

この方法は、多くの企業で採用されています。

共同出願契約

共同出願(イメージ)

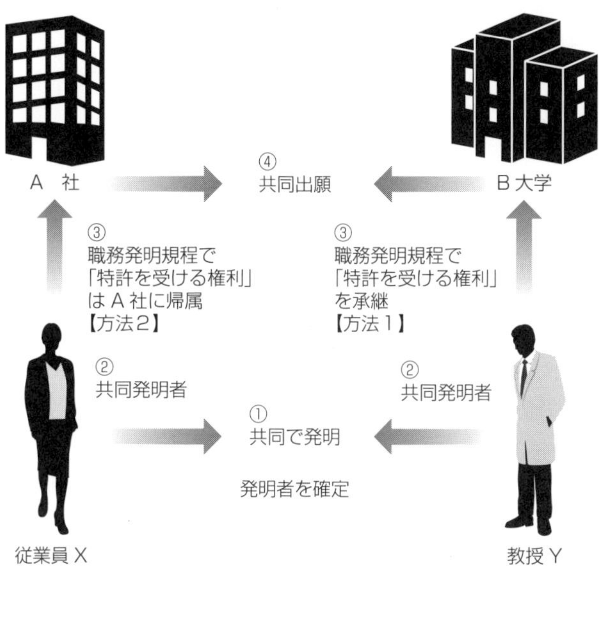

Q4：公的機関間で共有する特許について、実施許諾活動のケースを教えてください。

A4：

企業と共有する場合と異なり、大学等の公的機関間の共有特許については、特許権者が商業的な実施を行いません。よって、企業への実施許諾が共有特許の活用の中心になります。この場合、検討事項として以下が挙げられます。

・実施料の分配
・実施許諾活動の担当者（ライセンス担当者）の有無
・実施許諾活動の方法
・実施許諾についての共有者の同意の要否
・実施許諾契約の形態（全当事者で契約、又はライセンス担当者と実施権者のみで契約）
・独占的実施許諾の可否
・実施許諾条件の共有者への通知
・実施料を分配する場合の分配額の支払方法

これらについて、幾つかのパターンが考えられます（次表）。

共同出願契約

公的機関間のライセンスパターン

	ケース１	ケース２	ケース３	
			①	②
実施料の分配	全額取得（分配なし）	持分分配	成功報酬＋持分分配	成功報酬＋持分分配
ライセンス担当者	なし	なし	あり	なし
実施許諾活動	互いに自由に活動	協力して活動	ライセンス担当者のみ活動	互いに自由に活動
共有者の同意	同意不要	同意要	同意要（ライセンス担当者の条件に必ず同意する）	同意要（共有者の条件に必ず同意する）
実施許諾契約の形態	２者契約（ライセンス者、実施権者）	３者契約（両共有者、実施権者）	３者契約（両共有者、実施権者）	３者契約（両共有者、実施権者）
独占的実施許諾の可否	不可	可	可	不可
実施許諾条件の通知	実施権者名のみ通知	—	—	—
分配額の支払方法	—	実施権者から直接支払	実施権者から直接支払	実施権者から直接支払
ネーミング	**完全独立型**	**協力型**	**ライセンス担当者型**	**成功報酬型**

（1）ケース１「完全独立型」

共有者が各々自由に実施許諾活動を行うケースです。また、実施許諾に結び付けた共有者が実施料を全額取得し、他の共有者への分配を要しません。さらに、他の共有者の同意が不要であり、実施許諾契約も実施許諾活動を行った共有者と実施権者の２者で締結します。他の共有者が同じ実施権者に対して活動を行うことを防ぐため、実施許諾契約の締結後に実施権者名を他の共有者に通知します（事前通知のほうが、より同一活動を防ぐことができますが、どのタイミングで通知すべきかが難しいため、事後通知としています。)。

本ケースは、各共有者が自己の単独特許のように扱うことができ、他の共有者への対処（共有者の同意や実施料の分配等）が不要であることがメリットです。デメリットは、他の共有者も自由に実施許諾活動を行うため、独占的実施許諾ができないこと、共有者間で実施許諾活動の能力に差がある場合、不公平感が生ずることです。

メリット	デメリット
・他の共有者への対処が不要	・独占的実施許諾ができない ・不公平感が生ずる

（2）ケース２「協力型」

共有者が互いに協力して実施許諾活動を行うケースです。実施許諾活動の貢献は同等と考え、実施料は特許権の持分に応じて分配します。実施許諾について他の共有者の同意を必要とし、実施許諾契約は他の共有者も含めた全当事者で行います。

本ケースは、特許権が共有であることから、全てを協力して行うことを想定しており、大学等の共有特許権の取扱いとしてよく見られます。共有者間で不公平感が生じず、独占的実施許諾も可能なことがメリットです。デメリットは、他の共有者頼りになることもあり実施許諾活動が活発になされないことも多く、また、実際は特定の共有者の貢献が高いこともあります。この場合、実施料の分配に不公平感を覚えることもあります。また、「協力」とは、実際はどのように活動すべきか、活動状況の報告のタイミングや頻度等、具体的に実施するには難しいことも考えられます。

メリット	デメリット
・不公平感が生じにくい ・独占的実施許諾ができる	・他の共有者任せになる （活動が不活発）

（3）ケース3①「ライセンス担当者型」

実施許諾活動の担当者（ライセンス担当者）を決め、実施許諾活動を行うケースです。ライセンス担当者は、持分が多い共有者、共有特許の背景技術（背景特許を持っていることもある。）に詳しい共有者、実施許諾活動の能力が高い共有者等が担当することが多いようです。

本ケースは、ライセンス担当者に実施許諾活動を任せ、他の共有者は活動しません。よって、実施料は、ライセンス担当者が成功報酬として一部を優先取得し、残りの実施料を共有特許の持分で分配します。実施許諾契約の形態は、ライセンス担当者と実施権者間の契約、又は全当事者での契約が考えられますが、実施料の他の共有者への分配手続を考えると全当事者の契約をお勧めします。ライセンス担当者と実施権者間の契約の場合、ライセンス担当者から他の共有者への分配の支払処理が発生しますが、全当事者の契約の場合、実施権者から各共有者に直接支払うことができ、分配処理を軽減できるからです。

本パターンのメリットは、同一の実施権者に同時期に接触することがないこと、他の共有者はこの共有特許の活動は行わなくてよいため別の活動に注力できること、実施許諾活動の能力の高い共有者に活動を任せることができ、実施許諾活動が効率的に行えること、独占的実施許諾も可能なことが挙げられます。

デメリットは、ライセンス担当者の活動が不十分な場合、実施許諾がはかどらないことが挙げられます。これについては、ライセンス担当者の交代や全共有者が実施許諾活動できるように変更する方法があります。

メリット	デメリット
・同一実施権者への接触がない ・実施許諾活動が効率的 ・独占的実施許諾が可能	・ライセンス担当者が不活発の場合、 実施許諾がなされない

（4）ケース3②「成功報酬型」

共有者が各々自由に実施許諾活動を行う点は、ケース1の完全独立型と同じです。ただし、実施料を他の共有者に分配する点がケース1と異なります。実施料の分配の考え方は、ケース3①「ライセンス担当者型」と同じです。実施許諾に結び付けた共有者が成功報酬として一部を優先取得し、残りの実施料を共有特許の持分で分配します。

メリットは、各共有者が実施許諾活動を行えるためライセンス担当者の活動度合いに左右されないこと、実施許諾活動の貢献に伴う成功報酬が得られること、他の共有者も残実施料の持分の分配が得られることが挙げられます。

デメリットは、同一の実施権者に同時期に接触する可能性があること、独占的実施許諾ができないことです。

メリット	デメリット
・ライセンス担当者の活動に左右されない ・成功報酬がある ・他の共有者も分配金を得られる	・同一の実施権者への接触の可能性がある ・独占的実施許諾ができない

【参考条文】

完全独立型（ケース1）

第●条　甲及び乙は、各々、相手方の同意なく、自己が定める条件にて、第三者に対し、非独占的な本発明の実施を許諾することができる（以下、実施許諾を行う甲又は乙を「実施許諾者」、実施許諾を受ける第三者を「実施権者」という。）。

2　甲及び乙は、実施許諾契約について、実施許諾者と実施権者の2者で締結できることに合意する。ただし、実施許諾者以外の本特許権の共有者の同意を実施権者が求めた場合、共有者である甲又は乙は、当該実施許諾契約に同意する書面を実施権者に提出（実施許諾契約に押印することで代替できる。）しなければならない。

3　甲及び乙は、実施許諾契約締結後、実施権者名を相手方に通知しなければならない。

４　甲及び乙は、実施権者から取得した実施料について、実施許諾者が全額取得し、相手方への分配を要しない。

協力型（ケース２）

第●条　甲及び乙は、互いに協力して、本発明の第三者への実施許諾活動を行う（以下、実施許諾を受ける第三者を「実施権者」という。）。

２　実施許諾契約は、甲、乙及び実施権者の３者にて締結するものとする。

３　甲及び乙は、実施権者から取得した実施料について、本特許権の持分に応じて分配する。

ライセンス担当者型（ケース３①）

第●条　甲のみ、本発明の第三者への実施許諾活動を行うことができ、乙は実施許諾活動を行ってはならない。（以下、実施許諾を受ける第三者を「実施権者」という。）。

２　甲は、本発明の実施許諾について、実施権者の選定、独占・非独占の形態及び実施許諾条件を独自に決定することができ、乙はこれに同意するものとする。なお、甲は、必要と判断する場合、実施許諾条件等について乙に意見を求めることができる。

３　実施許諾契約は、甲、乙及び実施権者の３者にて締結するものとする。

４　甲及び乙は、実施権者から取得した実施料について、甲が実施許諾の成功報酬として実施料の○％を優先的に取得し、残実施料を本特許権の持分に応じて分配する。

５　乙は、本出願日から○年間甲が実施許諾活動を行わない場合（実施許諾活動が十分でないと乙が判断した場合を含む。）、実施許諾活動の担当の交代又は甲及び乙の両者が実施許諾活動を行うことができるよう要望することができる。甲は、正当な理由がない限り、当該要望を受け入れるものとする。

成功報酬型（ケース３②）

第●条　甲及び乙は、各々、自己が定める条件にて、第三者に対し、非独占的な本発明の実施を許諾することができ、相手方はこれに同意する（以下、実施許諾活動を行った甲又は乙を「実施許諾活動者」、実施許諾を受ける第三者を「実施権者」という。）。

2　実施許諾契約は、甲、乙及び実施権者の３者にて締結するものとする。

3　甲及び乙は、実施権者から取得した実施料について、実施許諾活動者が実施許諾の成功報酬として実施料の○％を優先的に取得し、残実施料を本特許権の持分に応じて分配する。

コラム2　好きな絵画

私の一番好きな絵画は、ゴッホの「夜のカフェテラス」です。ゴッホの特徴でもある“青”の星空をバックに、ガス灯の“黄”に照らし出されたカフェテラス。このコントラストが最高です。

この“黄”は、ゴッホの代表作「ひまわり」を思い起こします。そして、照明に照らされた床の色の“オレンジ”と、ゴッホ特有の筆使いで描かれた石畳。

そして、“青”と言えばフェルメールが有名ですが、ゴッホの“青”もすてきなのです。

この絵は、何も考えず、ボーっと見るのがおすすめです。細かい部分に捉われず、全体を感性で捉えてほしい絵です。ボーっと見ていると、絵の情景が浮かび上がり、夜の幸せなひとときを過ごしているような気分になります。

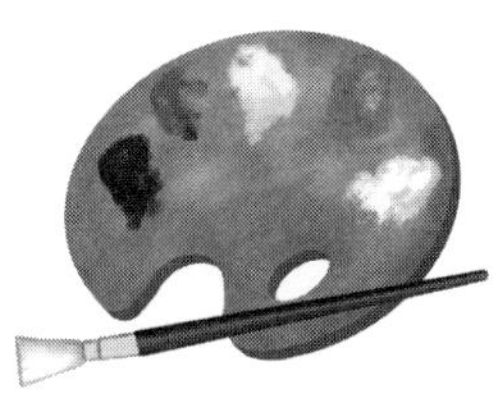

Assignment
Agreement

6 譲渡契約

第6章
Assignment Agreement　譲渡契約

１　概要

譲渡契約は、権利者が権利の持分の全部又は一部を第三者に譲渡する契約です。この場合の権利者を「譲渡人」、第三者を「譲受人」といいます。

権利には、特許権のほか、意匠権や著作権等、様々な権利があります。本章では、特許権（特許を受ける権利）の譲渡を中心に説明します。

２　重要条文と条文解説

譲渡契約で重要な条文は、次のとおりです。

（１）譲渡

この条項がないと、譲渡契約は成り立ちません。一番重要な条項といえます。

（２）譲渡対価

無償か有償か、また、有償の場合の金額を定めます。「譲渡」と対をなす条項です。

譲渡契約

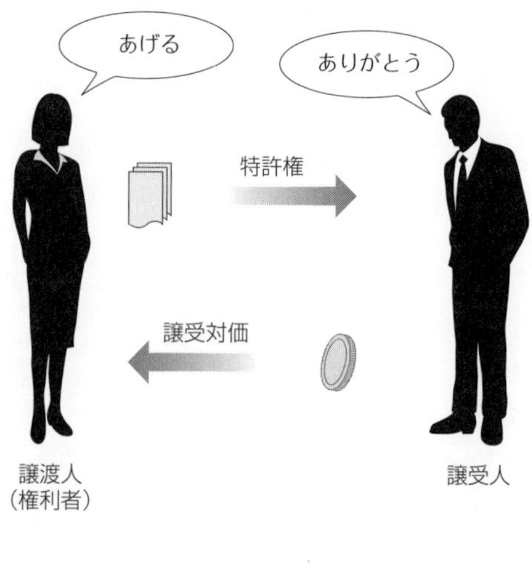

(3) 名義変更手続

特許出願後の特許を受ける権利の譲渡は、名義変更手続を行わなければ譲渡の効力が生じません（特許法34条４項）（特許出願前の特許を受ける権利の譲渡は、名義変更手続は不要です。）。なお、特許権成立後は、移転登録手続となります（特許法98条１項）。

これらを踏まえ、サンプル契約書（pp.140-142）の主要な条文を解説します。甲が譲渡人、乙が譲受人とします。
サンプル契約書は、次の条項から成り立っています。

第１条　本発明
第２条　譲渡【重要】
第３条　譲渡対価【重要】
第４条　名義変更手続【重要】
第５条　甲の研究
第６条　秘密保持
第７条　保証
第８条　非保証と免責
第９条　技術移転機関の利用
第10条　協議
第11条　準拠法及び裁判管轄

第１条（本発明）

> 本契約の対象となる発明は、以下の発明（以下「本発明」という。）とする。
>
> 記
>
> 出願番号：
> 発明の名称：

本条は、譲渡対象となる特許を受ける権利に係る発明を定めています。

特許出願前に譲渡する場合は、出願番号は空欄となります。この場合、本発明を出願番号や出願書類（特許請求の範囲、明細書、図面）で特定できず、仮の発明の名称や大学等内の整理番号で特定することになります。なお、本発明を可能な限り特定するため、本発明に関する資料や仮の請求の範囲を別紙として添付することもあります。

第2条（譲渡）【重要】

> 甲は、本契約の締結をもって、甲が有する本発明に係る全世界における特許を受ける権利（パリ条約における優先権を含む。以下「本権利」という。）の全部を乙に譲渡し、乙はこれを譲り受ける。

本条は、譲渡を定めています。

本発明に係る特許を受ける権利（「本権利」）を譲渡します。

日本国だけではなく、全世界における特許を受ける権利が対象です。

特許出願後に譲渡する場合は、パリ条約に基づく優先権を含みます。当該優先権は出願により生じ、出願人に帰属します。当該優先権が適切に移転していない場合、パリ条約上の優先権の効果を享受できないので注意が必要です。

第3条（譲渡対価）【重要】

> 乙は、本権利の譲渡の対価（以下「本対価」という。）として、●円を甲に支払わなければならない。
>
> 2　乙は、甲の請求書発行日から起算して30日（当該期限の最終日が土、日又は祝日に該当する場合はその翌営業日までとする。以下「支払期限」という。）以内に、本対価に消費税及び地方消費税を加算した金額を、甲の指定する銀行口座への振込により支払わなければならない。振込手数料は乙の負担とする。
>
> 3　乙は、本対価を支払期限までに支払わない場合、支払期限の翌日から支払日までの日数に応じ、その未払額に年３%の割合で計算した延滞金を遅延損害金として甲に支払わなければならない。
>
> 4　甲は、支払済みの本対価について、いかなる事由においても返還する義務を負わない。

本条は、譲渡対価とその支払を定めています。

（1）第1項

譲渡対価（本対価）の金額を定めています。譲渡契約は一時的契約であり、本対価は一時金であることが一般的です。

（2）第2項

甲の請求書発行日から30日以内が支払期限です。最終日が土日祝日の場合は翌営業日となります。乙は、本対価に消費税等を加算した額を銀行振り込みで支払います。振込手数料は乙が負担します。

（3）第3項

支払期限までに本対価を支払わない場合、未払額について年３％の延滞金を支払わなければなりません。利率は民法の法定利率（年３％）に合わせています。

（4）第4項

支払済みの対価について返還義務を負いません。

第４条（名義変更手続）【重要】

> 乙は、本対価の支払完了後、自己の負担と責任において、本権利の名義変更手続を行うものとする。
> 2　甲は、本権利の名義変更手続に関する必要書類を乙に交付するとともに、当該手続に協力しなければならない。

本条は、名義変更手続を定めています。

（1）第1項

乙は、本対価の支払完了後、自己の責任で名義変更手続を行います。名義変更手続より前に本対価の支払を完了しなければなりません。

また、名義変更手続に必要な費用は、譲受人である乙が負担します。

（2）第2項

譲渡人である甲は、譲渡証の提出等、名義変更手続に必要な協力を行います。

第5条（甲の研究）

> 甲は、本権利の譲渡後においても、研究又は教育を目的として本発明を無償で実施することができる。

本条は、本権利の譲渡後の甲の研究での実施を定めています。

甲は、本権利譲渡後においても、研究又は教育を目的として、本発明を無償で実施できます。

特許法69条に「特許権の効力は、試験又は研究のためにする特許発明の実施には、及ばない」とあります。しかしながら、リサーチツール等での実施は、特許法69条の試験研究には含まれていないとの解釈が一般的です。本項を記載することで、リサーチツール等であれ、研究目的においては実施できることを担保しています。

また、研究・教育目的で実施できる範囲を、発明者が異動等した場合の異動先の研究教育機関にまで広げているケースもあります。

第6条（秘密保持）

> 甲は、乙の書面による事前の承諾なく、本発明を第三者に開示してはならない。ただし、本発明について、出願公開等により公知となった後はこの限りでない。

本条は、秘密保持を定めています。

出願公開前に本権利を譲渡した場合、甲は本発明について秘密保持義務を負います。乙に不利益が生ずることを防ぐためです。

第7条（保証）

> 甲は、本権利について、正当に所有し、第三者に対し何らの義務も負っていないことを保証する。

本条は、権限保証を定めています。

甲は、本権利について、正当に所有していること、つまり、自己の発明者から適切に特許を受ける権利を承継していることを保証します。また、第三者に対し何らの義務も負っていないこと、つまり、実施許諾の約束等をしていないことや共有権利者が存在しないこと等を保証します。

第8条（非保証と免責）

> 甲は、前条に定める場合を除き、本権利について何らの保証も行わず、いかなる事由に対しても免責されるものとする。乙は、本発明の実施により問題が生じた場合、自己の負担と責任において解決し、甲に一切の責任又は損害が生じないように保護しなければならない。

本条は、非保証と免責を定めています。

甲は、前条に定めること以外の事項については何ら保証しません。例えば特許権が成立すること、第三者の権利を侵害しないことが考えられます。これらについては、乙がリスクを負うことになります。

第9条（技術移転機関の利用）

> 甲は、自己が指定する技術移転機関（以下「甲の指定技術移転機関」という。）に対し、本契約に基づく自己の業務を委託することができる。
> 2　甲は、甲の指定技術移転機関に対し、本契約で自己が負う義務と同等の義務を課し、当該義務の履行について責任を負わなければならない。

本条は、技術移転機関の利用を定めています。

甲は、本権利の譲渡手続について、技術移転機関に委託することができます。

第10条（協議）、第11条（準拠法及び裁判管轄）は解説省略

サンプル契約書

譲渡契約書

●●（以下「甲」という。）と■■（以下「乙」という。）は、甲が有する特許を受ける権利を乙に譲渡することについて、次のとおり契約（以下「本契約」という。）を締結する。

（本発明）
第１条　本契約の対象となる発明は、以下の発明（以下「本発明」という。）とする。

記

出願番号：
発明の名称：

（譲渡）
第２条　甲は、本契約の締結をもって、甲が有する本発明に係る全世界における特許を受ける権利（パリ条約における優先権を含む。以下「本権利」という。）の全部を乙に譲渡し、乙はこれを譲り受ける。

（譲渡対価）
第３条　乙は、本権利の譲渡の対価（以下「本対価」という。）として、●円を甲に支払わなければならない。
２　乙は、甲の請求書発行日から起算して30日（当該期限の最終日が土、日又は祝日に該当する場合はその翌営業日までとする。以下「支払期限」という。）以内に、本対価に消費税及び地方消費税を加算した金額を、甲の指定する銀行口座への振込により支払わなければならない。振込手数料は乙の負担とする。
３　乙は、本対価を支払期限までに支払わない場合、支払期限の翌日から支払日までの日数に応じ、その未払額に年３％の割合で計算した延滞金を遅延損害金として甲に支払わなければならない。
４　甲は、支払済みの本対価について、いかなる事由においても返還する義務を負わない。

（名義変更手続）
第４条　乙は、本対価の支払完了後、自己の負担と責任において、本権利の名義変更手続を行うものとする。
２　甲は、本権利の名義変更手続に関する必要書類を乙に交付するとともに、当該手続に協力しなければならない。

（甲の研究）
第５条　甲は、本権利の譲渡後においても、研究又は教育を目的として本発明を無償で実施することができる。

（秘密保持）
第６条　甲は、乙の書面による事前の承諾なく、本発明を第三者に開示してはならない。ただし、本発明について、出願公開等により公知となった後はこの限りでない。

（保証）
第７条　甲は、本権利について、正当に所有し、第三者に対し何らの義務も負っていないことを保証する。

（非保証と免責）
第８条　甲は、前条に定める場合を除き、本権利について何らの保証も行わず、いかなる事由に対しても免責されるものとする。乙は、本発明の実施により問題が生じた場合、自己の負担と責任において解決し、甲に一切の責任又は損害が生じないように保護しなければならない。

（技術移転機関の利用）
第９条　甲は、自己が指定する技術移転機関（以下「甲の指定技術移転機関」という。）に対し、本契約に基づく自己の業務を委託することができる。
２　甲は、甲の指定技術移転機関に対し、本契約で自己が負う義務と同等の義務を課し、当該義務の履行について責任を負わなければならない。

（協議）
第10条　本契約に定めのない事項又は本契約の解釈に疑義が生じた場合は、甲乙誠意をもって協議し、その解決を図るものとする。

（準拠法及び裁判管轄）
第11条　本契約の準拠法は日本国法とする。
2　甲及び乙は、被告の所在地を管轄する地方裁判所を、本契約に関する紛争の第一審の専属的合意管轄裁判所とする。

本契約の締結を証するため、本書２通を作成し、甲乙それぞれ記名押印の上、各１通を保管する。

○○年○○月○○日

（甲）
（乙）

コラム３　ペット

ペットとして飼っていたうさぎが６年前に亡くなりました。名前は「うーたろー」。略して「うー」。ところが、我が家の会話では、毎日のように、“うー”が登場します。

私「今日、うーはどこに行ったと？」
妻「ハワイじゃない。寒いのダメだから」

他人が聞くと「何？この会話」と思われますが、我が家では日常の会話です。

実は、３年前に飼っていたインコが亡くなりました。名前は「ぴー」。
それからは「うーとぴーはどこに行った？」です。虹の橋を渡った“うー”と“ぴー”は、今も我が家で生き続けています。

3　Q&A

Q1：国等のプロジェクトの成果を譲渡する場合の注意点を教えてください。

A1：

国等のプロジェクトの成果では、日本版バイ・ドール制度に基づく義務が課されることがほとんどです（詳しくは、第４章共同研究契約の関連契約「受託研究契約」を参照ください。）。この場合、譲渡について、プロジェクトの委託元の承諾が必要です。

また、譲受人に対し、日本版バイ・ドール制度に基づく義務を引き継ぐ必要があります。

【参考条文】

乙は、本発明は、添付の委託研究開発契約（以下「本委託研究開発契約」という。）のもとで行われた委託研究開発の成果であることを了承する。ゆえに、乙は、本委託研究開発契約に定める甲の義務を引き継ぎ、履行について責任を負うものとする。

Q2：著作権の譲渡について教えてください。

A2：

著作権は、著作権法21条から28条に定める権利です。21条から26条の３が対象著作物の利用について、27条と28条は、対象著作物の二次的著作物の作成及び利用についてです。これらを一括して譲渡することが多いですが、一部の権利のみ譲渡することも可能です（著作権法61条１項）。

ここで、著作権法27条と28条の権利すなわち二次的著作物に関する権利については、契約書に明示しなければ譲渡されません（著作権法61条２項）。また、契約書の記載ですが、「全ての権利を譲渡する」等の包括的な記載ではなく、「著作権法27条及び28条の権利を譲渡対象として含む」等、明示してください。包括的な記載の場合、これらの権利が対象となっているか否かの争いが生じたケースもあります。

また、著作物の創作により、著作権と同時に著作者人格権が発生します（著作権法17条１項）。著作者人格権は、著作権法18条から20条に定める権利です。著作者人格権は譲渡できません（著作権法59条）。よって、譲渡契約で、著作者人格権の権利不行使を約させるようにしています。

【参考条文】

第●条　甲は、本契約の締結をもって、甲が有する本著作物に係る全世界における著作権（外国において日本国の著作権に相当する権利を含む。以下「本著作権」という。）の全部を乙に譲渡し、乙はこれを譲り受ける。

2　前項の譲渡には、著作権法第27条及び第28条に規定する権利を含む。

3　甲は、乙及び乙の指定する者に対し、本契約で定める場合を除き、著作者人格権を行使してはならず、また、本著作権の著作者に著作者人格権を行使させてはならない。

コラム４　**座右の書（１）**

私には座右の書が２冊あり、その１冊目は『幸福について（ショーペンハウアー著）』です。この中に「最も幸せな運命とは、精神的にも肉体的にも過大な苦痛なき人生を送ることであり、最高に活気ある喜びや最大級の享楽を授かることではない」とあります。たいした苦痛がなければ、それが幸せということです。幸せになるために、最大級の喜びや成功、名声や地位を求めがちですが、逆に、これらを求め過ぎると、苦痛という犠牲を払う可能性が高まるそうです。また「苦痛なき状態で、しかも退屈でなければ、基本的に現世の幸福を手に入れたと言えるだろう」と書かれています。これを読んで、私自身「実はかなり幸福なのかもしれない」と思わされました。もちろん、日々、いろいろなことがあります。しかしながら、それが「過大な苦痛」なのかと言われると、そこまではないという気になります。ということは、きっと幸せなのでしょう。

7 オプション契約

Option Agreement

第7章
Option Agreement　オプション契約

1　概要

オプション契約とは、実施許諾（使用許諾）を受けるか否かを判断するための契約です。実施許諾（使用許諾）には、特許権をはじめ、ソフトウエアやノウハウ等が考えられますが、ここでは、特許実施許諾を考えます。

特許実施許諾を受ける場合、技術的・事業的観点からの評価が必要です。評価期間中は、他者に実施許諾（実施許諾の交渉を含む。）されることを避けたい場合があります。この場合、「一定期間、自己が独占的に評価でき、かつ、実施許諾を希望する場合は実施許諾契約の交渉ができる」（これを「オプション権」といいます。）を付与する契約を締結します。これをオプション契約といいます。

オプション権は、独占交渉権がほとんどですが、まれに非独占交渉権の場合があります。この場合、オプション権の意味は「他者に独占権を付与しない権利」と解釈されます。

オプション契約

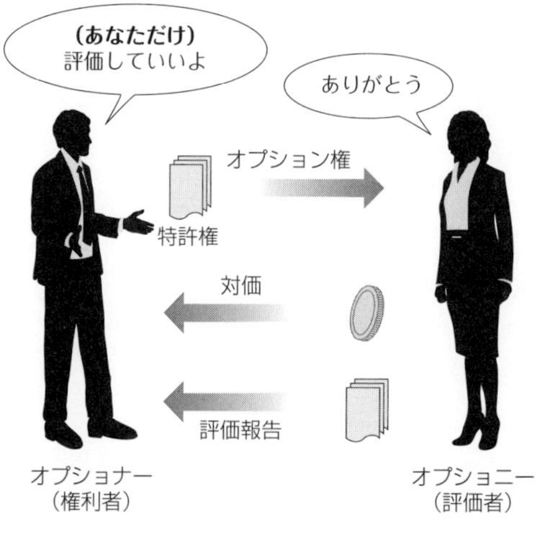

オプション権の付与期間（オプション期間）中の特許維持費用は、評価者（オプショニー）に負担させることが多いです。これは、オプション期間中は他者に実施許諾又は実施許諾交渉ができないからです。

また、対象製品や対象国を限定してオプション権を付与することもあります。この場合、複数の者にオプション権の付与が可能です。

オプション期間は、数箇月から１年程度が多いです。この程度の期間があれば評価が可能だと考えられるからです。ただし、発明によっては評価に時間を要するものもあるため、ケースによります。

オプション権の対価は、オプション期間が短期間であることから一時金が多いようです。

２　重要条文と条文解説

オプション契約で重要な条文は、次のとおりです。

（１）オプション権の付与及び対価

オプション権の内容（オプション権の定義）、オプション権の範囲（独占・非独占を含む。）、オプション権の対価の額を定めています。本契約の根幹を成す条項です。

（２）オプション権の行使

オプション権の行使の詳細を定めています。

オプション権を行使できる期間や特許実施許諾契約の交渉期間も定めます。

これらを踏まえ、サンプル契約書（pp.153-157）の主要な条文を解説します。

甲がオプショナー（権利者）、乙がオプショニー（評価者）とします。

サンプル契約書は、次の条項から成り立っています。

第１条　定義

第２条　目的

第３条　オプション権の付与及び対価【重要】

第４条　支払
第５条　オプション権の行使【重要】
第６条　免責
第７条　秘密保持
第８条　改良発明
第９条　解除
第10条　損害賠償
第11条　有効期間
第12条　協議
第13条　準拠法及び裁判管轄

第１条（定義）

> 　本契約において、次の各号に掲げる用語の意義は、当該各号に定めるところによる。
> （1）「本発明」とは、以下の発明をいう。
> 記
> 出願番号：
> 発明の名称：
> （2）「本特許権」とは、本発明に係る特許を受ける権利及び設定登録される特許権をいう。
> （3）「本オプション権」とは、本特許権について、独占的に評価し、第５条に従い実施許諾を希望できる権利をいう。
> （4）「本技術情報」とは、甲が乙に秘密の旨を明示して提供又は開示した、本発明に関連する技術的な情報をいう。なお、口頭等で情報を開示した場合には、開示時に秘密の旨を告げ、開示日から30日以内に書面にて特定した情報とする。

本条は、本契約書において使用される用語を定義しています。

（1）第1号

「本発明」とは、表記の出願番号と発明の名称による出願の特許請求の範囲で特定される発明をいいます。

(2) 第2号

「本特許権」には、設定登録される特許権のみならず、特許を受ける権利を含みます。

(3) 第3号

「本オプション権」とは、本特許権について独占的に評価し、実施許諾を希望できる権利です。「独占的に」がポイントです（３条３項と関係します。）。

(4) 第4号

「本技術情報」とは、甲が乙に秘密の旨を明示して提供又は開示した、本発明に関連する技術的な情報です。乙は、本技術情報について秘密保持義務を負います（７条）。

第２条（目的）

> 本契約は、乙が本特許権の実施許諾の検討を行うため、甲が乙に、本オプション権を付与することを目的とする。

本条は、本契約の目的を定めています。

「オプション契約」は何の契約か分かりにくい、という意見もあるので、本条を記載することで契約の目的を明確にしています。

第３条（オプション権の付与及び対価）【重要】

> 甲は、乙に対し、本オプション権を付与する。
>
> 2　乙は、本オプション権の付与の対価（以下「本対価」という。）として●円を、次条に従い、甲に支払わなければならない。
>
> 3　甲は、本契約の有効期間中、第三者に対し、本オプション権と同一の権利を付与してはならず、本特許権を実施許諾してはならない。
>
> 4　乙は、本特許権について、本オプション権を行使する以外のいかなる権利も許諾されていないことを了承する。
>
> 5　乙は、本特許権の実施許諾の検討状況について甲から問われた場合、状況を報告しなければならない。

本条は、オプション権の付与と対価を定めています。

（1）第1項

甲が乙に本オプション権を付与することを定めています。本契約で一番重要な条項です。

（2）第2項

本対価は一時金を想定しています。

（3）第3項

本契約の有効期間中は、第三者に本オプション権と同一の権利を付与してはなりません。当然ですが、本特許権の実施許諾もしてはなりません。

（4）第4項

甲は、乙に対し、本オプション権の行使以外にはいかなる権利も許諾していません。本オプション権を付与することで実施権を与えていると誤認されることを防ぐためです（オプション権で与えているのは交渉権だけです。交渉がまとまり実施許諾契約を締結した時点で、実施権が与えられます。）。

（5）第5項

甲は、乙に検討状況を報告させることができます。

第4条（支払）

　甲は、本契約締結後、本対価に関する請求書を発行する。
2　乙は、請求書受理後、以下に掲げる事項に従い本対価を支払わなければならない。
（1）甲の請求書発行日から起算して30日（当該期限の最終日が土、日又は祝日に該当する場合はその翌営業日までとする。以下「支払期限」という。）以内に支払う。
（2）本対価に消費税及び地方消費税を加算した額を支払う。
（3）全額を一括払にて支払う。
（4）甲の指定する銀行口座への振り込みにて支払う。
（5）乙にて振込手数料を負担する。
3　乙は、支払期限までに本対価の支払を行わない場合、支払期限の翌日から支払日までの日数に応じ、その未払額に年３%の割合で計算した延滞金を遅延損害金として支払わなければならない。
4　甲は、支払済みの本対価について、理由のいかんを問わず乙に返還する義務を負わない。

本条は、対価の支払を定めています。

（1）第1項

甲は、本契約締結後、請求書を発行します。

（2）第2項

乙は、各号に従い、本対価を支払います。

（3）第3項

支払期限までに本対価を支払わない場合、未払額について年３％の延滞金を支払わなければなりません。利率は民法の法定利率（年３％）に合わせています。

（4）第4項

支払済みの対価について返還義務を負いません。

この規定は、特許権が無効審判により無効になった場合、乙から、無効の遡及効を理由とする既払の本対価の不当利得返還請求を受けることを防止しています。

第５条（オプション権の行使）【重要】

乙は、本契約の有効期間内に、本特許権の実施許諾を希望するか否かを、別紙に定める様式にて甲に通知しなければならない。乙が本特許権の実施許諾を希望した場合、甲及び乙は、実施許諾条件について協議し合意に至った場合、別途実施許諾契約を締結するものとする。
2　前項の協議の期間は、本契約終了日の翌日から起算して90日（以下「協議期間」という。）とする。甲は、協議期間内に協議が整わない場合、協議期間を経過後第３条第３項の義務が消滅し、第三者と本特許権の実施許諾について交渉できる。
3　甲は、協議期間内に第１項の協議が整わず実施許諾契約が締結されない場合であっても、乙に対しいかなる責任も負わないものとする。

本条は、オプション権の行使を定めています。

(1) 第1項

乙は、本契約の有効期間内に、別紙の通知書に実施許諾の検討結果を記入し甲に提出します。乙が実施許諾を希望した場合、実施許諾契約の条件交渉を開始します。条件交渉が合意に至った場合、別途実施許諾契約を締結します。

(2) 第2項

実施許諾契約の協議の期間は、本契約終了日の翌日から起算して90日（協議期間）としています。協議期間を設けている理由は、協議を不当に引き延ばされ、甲が次のアクションを取れない事態を防ぐためです。協議期間内に協議が整わず合意に至らない場合、乙の独占交渉権は消滅し、甲は第三者と実施許諾の交渉を行うことができます。

(3) 第3項

甲は、協議期間内に条件が折り合わず、実施許諾契約が締結できない場合であっても責任を負いません。乙から「実施許諾を前提に事業計画を立てていたので損害の賠償をしてほしい」等を主張されかねないため、本項を設けています。

第6条（免責）、第7条（秘密保持）、第8条（改良発明）、第9条（解除）、第10条（損害賠償）、第11条（有効期間）、第12条（協議）、第13条（準拠法及び裁判管轄） は解説省略

サンプル契約書

オプション契約書

●●（以下「甲」という。）と■■（以下「乙」という。）は、本特許権の実施許諾について検討し交渉することができる権利を甲が乙に付与することについて、次のとおり契約（以下「本契約」という。）を締結する。

（定義）

第１条　本契約において、次の各号に掲げる用語の意義は、当該各号に定めるところによる。

（１）「本発明」とは、以下の発明をいう。

記

出願番号：

発明の名称：

（２）「本特許権」とは、本発明に係る特許を受ける権利及び設定登録される特許権をいう。

（３）「本オプション権」とは、本特許権について、独占的に評価し、第５条に従い実施許諾を希望できる権利をいう。

（４）「本技術情報」とは、甲が乙に秘密の旨を明示して提供又は開示した、本発明に関連する技術的な情報をいう。なお、口頭等で情報を開示した場合には、開示時に秘密の旨を告げ、開示日から30日以内に書面にて特定した情報とする。

（目的）

第２条　本契約は、乙が本特許権の実施許諾の検討を行うため、甲が乙に、本オプション権を付与することを目的とする。

（オプション権の付与及び対価）

第３条　甲は、乙に対し、本オプション権を付与する。

２　乙は、本オプション権の付与の対価（以下「本対価」という。）として●円を、次条に従い、甲に支払わなければならない。

３　甲は、本契約の有効期間中、第三者に対し、本オプション権と同一の権利を付与してはならず、本特許権を実施許諾してはならない。
4　乙は、本特許権について、本オプション権を行使する以外のいかなる権利も許諾されていないことを了承する。
5　乙は、本特許権の実施許諾の検討状況について甲から問われた場合、状況を報告しなければならない。

（支払）
第４条　甲は、本契約締結後、本対価に関する請求書を発行する。
2　乙は、請求書受理後、以下に掲げる事項に従い本対価を支払わなければならない。
（1）甲の請求書発行日から起算して30日（当該期限の最終日が土、日又は祝日に該当する場合はその翌営業日までとする。以下「支払期限」という。）以内に支払う。
（2）本対価に消費税及び地方消費税を加算した額を支払う。
（3）全額を一括払にて支払う。
（4）甲の指定する銀行口座への振り込みにて支払う。
（5）乙にて振込手数料を負担する。
3　乙は、支払期限までに本対価の支払を行わない場合、支払期限の翌日から支払日までの日数に応じ、その未払額に年３％の割合で計算した延滞金を遅延損害金として支払わなければならない。
4　甲は、支払済みの本対価について、理由のいかんを問わず乙に返還する義務を負わない。

（オプション権の行使）
第５条　乙は、本契約の有効期間内に、本特許権の実施許諾を希望するか否かを、別紙に定める様式にて甲に通知しなければならない。乙が本特許権の実施許諾を希望した場合、甲及び乙は、実施許諾条件について協議し合意に至った場合、別途実施許諾契約を締結するものとする。
2　前項の協議の期間は、本契約終了日の翌日から起算して90日（以下「協議期間」という。）とする。甲は、協議期間内に協議が整わない場合、協議期間を経過後第３条第３項の義務が消滅し、第三者と本特許権の実施許諾について交渉できる。
3　甲は、協議期間内に第１項の協議が整わず実施許諾契約が締結されない場合であっても、乙に対しいかなる責任も負わないものとする。

（免責）
第6条　甲は、乙に対し、本特許権について、その有効性、成立性、技術的な有用性及び第三者の権利の非侵害性等について何ら保証せず、いかなる責任も負わないものとする。

（秘密保持）
第7条　乙は、本発明及び本技術情報（以下「秘密情報」という。）について、甲の事前の書面による承諾なく第三者に開示又は提供してはならず、善良なる管理者の注意をもって管理しなければならない。また、本契約の履行以外の目的で秘密情報を使用してはならない。ただし、以下に掲げる事項のいずれかに該当するものについてはこの限りではない。
（1）知得時点で既に公知であったもの
（2）乙の責によらず公知となったもの（本特許権が出願公開された場合を含む。）
（3）知得時点で既に乙が保有し、かつ、その事実を証明できるもの
（4）乙が正当な権利を有する第三者より秘密保持義務を負うことなく開示されたもので、その事実を証明できるもの
（5）秘密情報によることなく乙が独自に開発したもの
2　乙は、法令又は規則等に基づき裁判所又は監督官庁等から秘密情報の開示を要求された場合、事前に甲に通知した上で、必要最小限の情報に限り開示することができる。

（改良発明）
第8条　乙は、本発明又は本技術情報に基づき発明又は考案を行った場合、速やかにその旨を書面にて甲に通知するものとし、当該発明等の出願の要否及び内容並びにその取扱いについては甲乙協議し決定する。

（解除）
第9条　甲及び乙は、相手方が本契約の定めに違反した場合、30日の期間をもって是正を催告し、相手方が当該期間内に違反を是正できない場合、その後直ちに本契約を解除することができる。
2　乙が破産手続、民事再生手続、会社更生手続、特別清算手続、手形若しくは

小切手の不渡り、解散、合併、会社分割、又は株式移転等による支配権の変動の事態に陥った場合、甲は、乙に対し何らの責任を負うことなく、かつ、何らの催告を要することなく、直ちに本契約を解除することができる。

（損害賠償）
第10条　甲及び乙は、故意又は過失により相手方に損害を与えた場合、相手方に生じた損害を賠償する責を負う。

（有効期間）
第11条　本契約の有効期間は、●年●月●日から●年●月●日までとする。ただし、第５条第１項に基づき、乙が本特許権の実施許諾を希望しない旨の通知を行った場合、当該通知日をもって本契約は終了する。
2　前項の定めにかかわらず、第４条第４項、第５条第２項及び同条第３項、第６条、第10条、及び第13条は、本契約終了後も有効に存続する。
3　第１項の定めにかかわらず、第７条については本契約終了後も３年間、第８条については本契約終了後も１年間有効に存続する。

（協議）
第12条　甲及び乙は、本契約に定めのない事項又は本契約の解釈について疑義が生じた場合、法令の規定に従うほか、誠意をもって協議し解決を図る。

（準拠法及び裁判管轄）
第13条　本契約の準拠法は日本国法とする。
2　甲及び乙は、被告の所在地を管轄する地方裁判所を、本契約に関する紛争の第一審の専属的合意管轄裁判所とする。

本契約の締結を証するため、本書２通を作成し、甲乙それぞれ記名押印の上、各１通を保管する。

○○年○○月○○日

（甲）
（乙）

別紙

通知書

●年●月●日

●●大学
学長　様

住所：
法人名：
代表者：　　　　　　　　印

オプション契約（○年○月○日締結）第５条第１項に基づき、本特許権の実施許諾について、次のとおり通知致します。

記

出願番号：
発明の名称：

□　実施許諾について希望します。

□　実施許諾について希望しません。

【コメント：上記のいずれかにチェックし、ご回答願います。】

担当者（本通知書の照会先）
氏名：
住所：
担当部署：
TEL：
e-mail：

8

特許実施許諾契約

Patent License Agreement

第8章
Patent License Agreement
特許実施許諾契約

1　概要

特許実施許諾契約とは、特許権者が第三者にその特許権の実施をする権利を許諾する契約です。

特許権者は、業として特許発明の実施をする権利を専有します（特許法68条）。「特許発明」とは、特許を受けている発明（特許法２条２項）をいい、特許発明の技術的範囲は、願書に添付した特許請求の範囲に基づいて定めなければならない（特許法70条１項）とされています。よって、具体的には、特許請求の範囲に記載された技術を専有し、第三者に実施許諾できます。

特許実施許諾契約

ただし、願書に添付した明細書の記載及び図面を考慮して、特許請求の範囲に記載された用語の意義を解釈する（特許法70条２項）とあるので、特許請求の範囲の記載に疑義等が生じた場合、明細書の記載や図面が重要になります。

また、「実施」は、物の発明、方法の発明、生産方法の発明によって、次のようになります（特許法２条３項）。

物の発明：その物を生産、使用、譲渡等、輸出、輸入、譲渡等の申出

方法の発明：その方法を使用

生産方法の発明：その生産方法を使用。生産物について、生産、使用、譲渡等、輸出、輸入、譲渡等の申出

「実施」は、特許請求の範囲の構成要件の全てを実施していなければ「実施」しているとは判断されません。構成要件の一部を実施していない場合、原則「実施」していないと判断されます（均等論等の問題があるので、「原則」としています。）。

実施許諾の形態は、専用実施権（特許法77条）、通常実施権（特許法78条）の２種類があります。

	専用実施権	通常実施権
特許権者の実施	不可	可
権利行使	差止請求 損害賠償請求	損害賠償請求【独占】
同一範囲の２以上の実施権の許諾	不可	独占：不可 非独占：可
特許庁への登録	必要	不要

専用実施権を設定した範囲では、特許権者でさえ実施できず、専用実施権者は差止請求及び損害賠償請求が可能です。ただし、実施許諾契約だけでは不十分であり、特許庁への登録が必要です。

通常実施権は、運用として独占と非独占の２種類があります。独占とは、同一範囲を他者に実施許諾しないことを意味します。通常実施権は、独占であっても原則差止請求はできないと考えられ、独占的通常実施権のみ損害賠償請求が可能と考えられています。通常実施権は、実施許諾契約のみで許諾でき、特許庁への登録が必須でないことから、専用実施権より頻繁に使用されています。

2　重要条文と条文解説

特許実施許諾契約で重要な条文は、次のとおりです。

（1）実施許諾

この契約で一番重要な条文です。実施許諾の範囲や、独占・非独占を決めます。なお、実施許諾期間は、契約の有効期間で定めることもあります。

（2）対価

「実施許諾」と対をなす条文です。実施許諾と対価の関係は、譲渡契約でいう「譲渡と譲渡対価」の関係に当たります。対価は、契約一時金やランニングロイヤリティなど、様々な種類があります。また、金額の算出もいろいろな方法があります。

（3）権利侵害への対応

特許権者として、権利侵害にどのように対応するか定めます。大学等の非営利機関の場合、侵害排除の考え方が企業と異なります。

（4）第三者への実施許諾（再実施許諾）

再実施許諾（いわゆるサブライセンス）に関する条項です。再実施許諾を認めるか否か、また、認める場合はどのような条件とするかを定めます。

再実施許諾についても対価を得ることが多く、「対価」の条項と関連します。

これらを踏まえ、サンプル契約書（pp.179-190）の主要な条文を解説します。甲がライセンサー（権利者）、乙がライセンシー（実施権者）とします。サンプル契約書は、次の条項から成り立っています。

第１条　定義
第２条　実施許諾【重要】
第３条　対価【重要】
第４条　支払
第５条　報告及び監査
第６条　権利侵害への対応【重要】
第７条　特許権の維持
第８条　非保証及び免責
第９条　法令遵守
第10条　秘密保持
第11条　改良発明
第12条　甲の商標等の使用禁止
第13条　第三者への実施許諾【重要】
第14条　契約終了時の義務
第15条　有効期間
第16条　解除
第17条　支配権の変動等
第18条　存続条項
第19条　損害賠償
第20条　通知
第21条　技術移転機関の利用
第22条　譲渡等
第23条　協議
第24条　準拠法及び裁判管轄
別紙１　項目表
別紙２　報告書

第1条（定義）

本契約において、以下に掲げる用語の意義は、当該各号に定めるところによる。
（1）「本発明」とは、別紙1の項目表第1項に記載の出願（以下「本出願」という。）に係る発明をいう。なお、本出願に基づいて国内優先権主張出願、外国出願、分割出願、変更出願、継続出願等の関連出願がなされた場合、これらの出願に係る発明を含む。
（2）「本特許権」とは、本発明についての特許を受ける権利及び設定登録される特許権をいう。
（3）「第三者への下請製造」とは、以下の①から③の全てを満たす条件にて第三者に製造させることをいう。なお、本契約において、当該第三者の実施は乙の自己実施とみなす。以下、当該第三者を「下請製造者」という。
① 乙が工賃の支払を含む製造委託契約を下請製造者と締結すること
② 乙が下請製造者による原料の購入、品質について指揮監督すること
③ 下請製造者が製造した製品の全数を乙が引き取り、下請製造者に販売させないこと
（4）「本技術情報」とは、甲が乙に秘密の旨を明示して開示又は提供した、本発明に関連する技術的な情報をいう。なお、口頭等で情報を開示した場合には、開示時に秘密の旨を告げ、開示日から30日以内に書面にて特定した情報とする。
（5）「残許諾製品」とは、本契約終了時に第3条の本対価が精算されていない許諾製品（生産工程中にあるものではなく、製品として完成している物。主に、在庫や流通中の物）をいう。
2　別紙1の項目表第2項の記載について、以下に掲げる用語の意義は、当該各号に定めるところによる。
（1）「許諾製品」とは、本発明を実施できる製品をいう。
（2）「許諾地域」とは、本発明を実施できる国又は地域をいう。
（3）「許諾態様」とは、本発明を実施できる実施の態様をいう。
（4）「許諾期間」とは、本発明を実施できる期間をいう。当該期間が実施許諾期間となる。
（5）「独占／非独占」とは、本発明を独占的に実施できるか否かをいう。なお、「本発明を独占的に実施できる」とは、次条に定める通常実施権と同一範囲について、甲は乙以外の第三者に本発明の実施を許諾しないことを意味する。

本条1項は、本契約において使用される用語を定義しています。

（1）第1号

「本発明」とは、別紙１の項目表１項に記載した出願の特許請求の範囲で特定される発明をいいます。

特許請求の範囲は、出願後の手続補正や訂正により変更されることがあります。

また、国内優先権主張出願や外国出願した場合、新たな発明が追加されることもあります。この場合、これらの発明も「本発明」として取り扱います。

（2）第2号

「本特許権」には、特許を受ける権利を含みます。特許権の設定登録前であっても実施許諾することがあるからです。

（3）第3号

「第三者への下請製造」とは、①から③の全ての条件を満たす製造委託をいいます。これは、判例（「模様メリヤス事件」大審判昭13.12.22）に基づくものです。ただし、①③のみを満たすものを下請製造と認めた判例（最判平成9.10.28）もあるので、②は必須要件ではありません。

また、下請製造者の実施は、乙の自己実施とみなします。判例も同様の見解です。

（4）第4号

「本技術情報」とは、甲が乙に秘密の旨を明示して開示又は提供した、本発明に関連する技術的な情報です。乙は、本技術情報について秘密保持義務を負います。

（5）第5号

「残許諾製品」とは、①②の両方に該当するものをいいます。

① 本契約終了時に売上げが生じていないため本対価が精算されていないもの

② 製品としては完成しているもの（生産工程中でない。）

在庫として保管中のものや、販売まで至っていない流通中のものが、残許諾製品に該当すると考えられます。サービスについては、提供中のサービスで売上げが精算されていないものが該当します。

本条２項は、別紙１の項目表２項を説明しています。

（項目表２項は、通常実施権の範囲を特定する重要な要素であり、当事者間で疑義が生じないように本項を設けています。）

通常実施権は、許諾製品、許諾地域、許諾態様、許諾期間で特定することが一般的です。

(1) 第1号

「許諾製品」とは、本発明を実施できる製品です。

許諾製品を特定した場合、特定した製品にのみ本発明を実施できます。許諾製品を特定しない場合は、乙の全ての製品について本発明を実施できます。許諾製品を特定することにより、それ以外の製品について、本発明を別の企業にも実施許諾できます。

(2) 第2号

「許諾地域」とは、本発明を実施できる国又は地域です。許諾地域を分けることで、複数企業に独占権を付与できます。

(3) 第3号

「許諾態様」とは、生産（製造）、使用、譲渡（販売）、貸与、輸出、輸入といった実施の態様のうち、許諾する態様です。許諾態様を分けることで複数企業に独占権を付与できます。

(4) 第4号

「許諾期間」とは、本発明を実施できる期間、すなわち実施許諾期間です。当該期間が本契約の有効期間でもあります（15条）。

(5) 第5号

通常実施権には、独占と非独占の形態があります。

独占とは、同一範囲について、甲は乙以外の第三者に実施を許諾しないことを意味します。この意味は、甲は、乙のビジネス的な独占を保証するのではなく、ほかには本発明を実施許諾しない、ということを保証しています。よって、独占の実施許諾を受けた場合でも、乙がビジネス的観点で市場を独占できるかどうかは分かりません（６条の「権利侵害への対応」とも関係します。）。

【語句の関係】
本出願 → 本発明 → 本特許権 → 本通常実施権（→ 許諾製品 → 本対価）
（項目表１項）

特許権：業として特許発明の実施を専有できる権利（特許法68条）。特許権者は特許権について通常実施権を許諾することができる（特許法78条）。
通常実施権：業として特許発明の実施をする権利（特許法78条）

第２条（実施許諾）【重要】

> 甲は、乙に対し、本特許権について、別紙１の項目表第２項に定める範囲の通常実施権（特許を受ける権利については仮通常実施権）を許諾する。以下、本条で許諾した通常実施権又は仮通常実施権を「本通常実施権等」という。
> ２　甲は、前項にかかわらず、教育研究目的のために本発明を自ら実施することができる。

本条は、実施許諾を定めています。

（１）第１項

通常実施権は、別紙１の項目表２項に定める範囲となります。項目表２項については、１条２項の説明を確認ください。

特許権が設定登録されるまでは、仮通常実施権を許諾することになります（特許法34条の３）。

（２）第２項

完全独占的通常実施権の場合、特許権者である甲も本発明の実施ができません。このような場合でも、試験や研究の実施は、特許法69条の試験又は研究のための実施に該当することも多いと思います。しかし、特許法69条の試験又は研究のための実施に該当しない場合に備えて、甲が教育研究目的で実施できるように本項を記載しています。

第3条（対価）【重要】

乙は、本通常実施権等の対価（以下「本対価」という。）として、別紙1の項目表第4項に定める額を支払う。
2　乙は、本発明を実施した許諾製品の売上高が円以外の通貨の場合、該当する対象期間の乙の最終営業日における三菱UFJ銀行の対顧客電信為替売相場（TTS）を用いて円換算し、本対価を支払う。

本条は、対価を定めています。

（1）第1項

別紙1の項目表4項の額を本通常実施権の対価とします。

ランニングロイヤリティは、「本発明を実施した許諾製品の売上高」を基準としています。許諾製品を特定した場合、特定製品のみが対象です。特定しない場合、乙の全製品が対象となります。

サンプル契約は、契約一時金とランニングロイヤリティを本対価としていますが、マイルストーン払や定額実施料なども考えられます。

ランニングロイヤリティについては、売上高以外にも、正味販売価格や利益を基準とすることもありますが、売上高から控除する経費の金額を確認することが困難なため、売上高を基準とすることをお勧めします。

（2）第2項

売上高が円以外の場合、円換算して本対価の金額を決定します。円換算には三菱UFJ銀行の対顧客電信為替売相場（TTS）を使用します（もちろん、三菱UFJ銀行以外でも構いません。）。

第4条（支払）

甲は、本契約締結後、本対価の①契約一時金に関する請求書を発行する。
2　甲は、次条に定める報告書について疑義がない場合、本対価の②ランニングロイヤリティに関する請求書を発行する。
3　乙は、請求書受理後、以下に掲げる事項に従い本対価を支払わなければならない。
（1）甲の請求書発行日から起算して30日（当該日が土、日又は祝日に該当する場合は翌営業日までとする。以下「支払期限」という。）以内に支払う。
（2）本対価に消費税及び地方消費税を加算した額を支払う。
（3）全額を一括払にて支払う。
（4）甲の指定する銀行口座への振り込みにて支払う。
（5）乙にて振込手数料を負担する。
4　乙は、支払期限までに本対価の支払を行わない場合、支払期限の翌日から支払日までの日数に応じ、その未払額に年３％の割合で計算した延滞金を遅延損害金として支払わなければならない。
5　甲は、支払済みの本対価について、理由のいかんを問わず乙に返還する義務を負わない。

本条は、対価の支払を定めています。

(1)（2）第1項、第2項

甲の請求書発行が支払処理の契機になります。

・契約締結後、契約一時金の請求書を発行します。
・報告書について疑義がない場合、ランニングロイヤリティの請求書を発行します。

(3) 第3項

請求書受理後、１号から５号に従い支払処理がなされます。

(4) 第4項

支払期限までに本対価を支払わない場合、未払額について年３％の延滞金を支払わなければなりません。利率は民法の法定利率（年３％）に合わせています。

(5) 第5項

支払済みの対価について返還義務を負いません。この規定は、特許権が無効審判により無効になった場合、乙から、無効の遡及効を理由とする既払の本対価の不当利得返還請求を受けることを防止しています。

第５条（報告及び監査）

乙は、別紙１の項目表第５項の対象期間ごとに、別紙２の様式の報告書（以下「報告書」という。）を、報告書提出期限までに甲に提出しなければならない。
2　乙は、最終回の報告書において、残許諾製品について併せて記載しなければならない。
3　乙は、本対価の支払がない場合も、その旨を報告書として作成し、報告書提出期限までに甲に提出しなければならない。
4　甲は、報告書の内容について疑義が生じた場合、乙に問い合わせることができ、乙は、問合せについて回答しなければならない。
5　甲は、報告書以外においても、必要に応じて随時、本発明の実施（実施の予定を含む。）について乙に報告を求めることができ、乙は甲の求める事項について報告しなければならない。
6　甲は、自己の負担により、乙の事業場に甲の職員及び甲の指定する公認会計士等の代理人を派遣し、報告書の基礎となった証票、会計記録及び帳簿等（以下「帳簿等」という。）を調査（帳簿等を複製し調査することを含む。）することができ、乙は正当な理由なくこれを拒むことはできない。また、乙は、帳簿等を、作成した年度（当年４月１日から翌年３月末日までを１年度とする。）の翌年度から●年間保存しなければならない。
7　前項の調査の結果、本対価として支払われた金額が本来支払われるべき金額より●%を超えて過小であったことが判明した場合、前項の調査に要した費用は乙が負担しなければならない。

本条は、報告と監査を定めています。

(1) 第1項

報告書は、４月１日～翌年３月31日を１期間として作成されます。様式は別紙２のものとします。初回と最終回は、始期日や終期日が異なるので注意してください。

また、報告書は、報告書提出期限までに提出されます。

(2) 第2項

契約終了時の処理（14条）に残許諾製品の本対価の精算があるので、最終報告書には残許諾製品の状況が記載されます。

(3) 第3項

本対価の支払がない場合も、「支払なし」という報告書が提出されます。

（4）第4項

報告書の内容に疑義が生じた場合、問い合わせができます。甲が乙の事業の状況を把握している場合、報告書の数字に疑義が生ずる可能性があります（乙の事業報告書や決算を確認し、疑義が生ずる場合もあります。）。

（5）第5項

報告書以外にも随時、本発明の実施（実施予定を含む。）について報告を求めることができます。

（6）第6項

本号は監査に関する条項です。

乙の事業場に甲の職員と公認会計士等の代理人を派遣し、調査できます。

報告書の基礎となった証票、会計記録、帳簿等を調査できます。帳簿等は、作成した年度の翌年度から●年間保存されます。調査の費用は甲が負担します。

（7）第7項

調査の結果、本対価として支払われた金額が本来支払われるべき金額より●％を超えて過小であったことが判明した場合、調査の費用は乙が負担します。乙が本対価を適切に支払えばこの調査は不要だったからです。

第6条（権利侵害への対応）【重要】

乙は、本特許権を侵害する者又は侵害するおそれがある者を発見した場合、直ちに甲に書面で通知しなければならない。この場合において、乙は、侵害又は侵害のおそれの根拠となる資料を併せて甲に提示するものとする。

2　甲は、前項の通知を受けた場合、本特許権に基づく権利を行使するか否かを独自に決定することができる。なお、甲は、権利を行使しないことについて、乙に対しいかなる責任も負わない。

3　乙は、前項において甲が権利を行使することを決定した場合、当該権利行使に協力するものとする。

4　本通常実施権等が独占であって、第2項において甲が権利を行使しないことを決定した場合、乙は、自己の負担と責任において単独で権利行使することを希望できる。

5　甲は、乙が前項の権利行使を希望した場合、適用される法律で認められる範囲内で乙が単独で権利を行使できるよう必要な対処を行わなければならない。
6　甲は、前項に基づき乙が権利行使した場合、いつでも権利行使の状況の報告を要求でき、乙は、速やかにこれに応じなければならない。

本条は、権利侵害への対応を定めています。

(1) 第1項

乙は、本特許権を侵害する者又は侵害するおそれがある者を発見した場合、甲に通知します。侵害の信憑性を確認するため、根拠となる資料を併せて提出します。根拠となる資料の例として、弁理士の鑑定書、侵害品と特許請求の範囲を比較した資料があります。

(2) 第2項

侵害の通知があった場合であっても、権利行使するか否かは甲が決定できます。また、権利行使しないことにより乙に損害が生じても、甲は責任を負いません。

侵害対応は、かなりの人的負担や金銭的負担が予想されます。一方、特に独占的実施許諾の場合、特許権者としての責任も考慮しなければなりません。よって、本項で免責しているとともに、特許権者としての責任を果たすため、本条4項以降を設けています。

(3) 第3項

甲が権利行使することを決定した場合、乙は権利行使に協力しなければなりません。侵害者の情報の提供や、損害賠償請求時の損害額の算出を想定しています。

(4) 第4項

独占的通常実施権の場合であって甲が権利行使しないとき、侵害状態を放置すると乙の損害が拡大するおそれがあります。よって、乙は、単独で権利行使することを希望できます。

(5) 第5項

甲は、乙が単独で権利行使できるよう対処します。対処の方法として、以下が考えられます。

①　乙に特許権の一部を譲渡
②　乙に専用実施権の設定

ただし、国ごとに権利行使の要件が異なるため、各国の法律の確認が必要です。

（6）第6項

乙が単独で権利行使した場合、甲は状況を把握しておくため、報告を要求できます。

第7条（特許権の維持）

> 甲は、本特許権の維持に努めるものとする。
> 2　甲は、本特許権が消滅した場合、速やかにその旨を乙に通知しなければならない。

本条は、本特許権の維持を定めています。

（1）第1項

甲は、本特許権の維持に努めなければなりません。権利者としての当然の義務です。よって、拒絶理由通知等にも可能な限り対応しなければなりません。

（2）第2項

本特許権が消滅した場合、実施許諾契約が終了するため通知することにしています。

第8条（非保証及び免責）

> 乙は、本発明は研究の過程において又は結果として得られたものであるため、安全性、正確性及び技術的な性能等について十分な確証が得られていないことを了承する。
> 2　甲は、乙に対し、本発明及び本特許権について、以下に掲げる事項を含むいかなる事項についても保証しない。
> （1）知的財産権を含む第三者の権利を侵害しないこと
> （2）本発明が技術的又は商業的に有用であること
> （3）本発明について特許が付与されること。また、特許成立後において、特許が無効とならないこと（甲が拒絶又は無効理由等を知り得たか否かにかかわ

らない。）
3　甲は、乙の本発明の実施により生じたいかなる事由についても免責される。とりわけ、乙の本発明の実施の結果、環境汚染や環境破壊を招いた場合、製造物責任を問われた場合、第三者に何らかの健康被害を及ぼした場合、その他第三者から何らかの請求を受けた場合又は第三者との間で紛争が生じた場合、乙は、自己の負担と責任において解決しなければならず、甲に負担又は損害を及ぼさないよう保護しなければならない。

本条は、非保証及び免責を定めています。

（1）第1項

本発明は研究の過程又は結果として得られたものであるため、安全性、正確性、技術的な性能などについて十分な確証が得られていないことを乙に了承させています。

本項により、乙は、本発明は種々の面で完全でないことを了承した上で実施許諾に合意しており、「本発明の性能等のせいで問題が生じた」等の主張はできず、甲の免責をより確実なものにする効果があります。

（2）第2項

甲は、本発明、本特許権についていかなる事項も保証しません。

1号から3号の事項は重要事項なので特記しています。特記することで双方の意思を明確にし、「公序良俗違反により契約は無効である」との主張を防ぐことができる可能性が高まります。

（3）第3項

甲は、乙の本発明の実施により生じたいかなる事由についても免責されます。

・環境汚染や環境破壊を招いた場合
・製造物責任を問われた場合
・第三者に何らかの健康被害を及ぼした場合

を具体的に記載し、包括的に、

・第三者から何らかの請求を受けた場合
・第三者との間で紛争が生じた場合

を記載しています。

これらについては、乙が自己の負担と責任において解決し、甲に負担、損害を及ぼさないよう保護しなければなりません。環境破壊、製造物責任、健康被害等は、米国等で多大な賠償額が請求されているため、特記しています。免責は重要事項ですので、意思の合致を明確にすることも踏まえ、特に詳しく記載しています。

第９条（法令遵守）、第10条（秘密保持）、第11条（改良発明）、第12条（甲の商標等の使用禁止）は、解説省略

第13条（第三者への実施許諾）【重要】

乙は、別紙１の項目表第３項に定める再実施許諾が可の場合、本通常実施権等に基づき、第三者に本発明の実施を許諾（以下「再実施許諾」という。）することができる（以下、再実施許諾を受けた第三者を「再実施権者」という。）。

2　乙は、再実施権者の候補が生じた時点でその旨を甲に通知し、再実施許諾に対する甲への対価の額を、甲と協議し決定しなければならない。かかる協議が整わない場合、乙は、前項にかかわらず、再実施許諾を行うことができない。

3　乙は、再実施許諾を行う場合、再実施権者と再実施に関する契約（以下「再実施許諾契約」という。）を締結し、再実施許諾契約にて再実施権者に以下に掲げる事項を遵守させなければならない。また、乙は、甲に対し、再実施権者の履行について責任を負わなければならない。

（1）再実施権者は、本契約において乙が負う義務と同等の義務を負担し、これを履行すること

ただし、乙が再実施権者を代理して履行することを妨げるものではない。

（2）本契約において甲が免責される事項について、甲を免責すること

（3）本発明の実施により生ずる結果について、乙又は再実施権者が一切の責任を負うこと

4　乙は、再実施許諾に対する甲への対価について、乙の負担と責任において徴収し、本対価と合算して甲に支払わなければならない。ただし、甲が合意した場合、支払について乙が責任を負うことを条件に再実施権者から甲に直接支払わせることができる。

5　乙は、再実施許諾に対する甲への対価に関する報告書を、本対価に関する分と併せて第５条に従い甲に提出しなければならない。

本条は、再実施許諾（サブライセンス）を定めています。

（1）第1項

別紙1の項目表3項の再実施許諾が“可”の場合、乙は本発明を第三者に実施許諾できます（サブライセンス可）。当然ではありますが、第三者に実施許諾できる範囲は、本通常実施権等の範囲に限定されます。

（2）第2項

乙は再実施権者の候補が生じた時点で甲に通知し、この時点で再実施許諾の甲への対価を決定します。再実施許諾の甲への対価は、「再実施権者が乙に支払う実施料の●％」などが考えられます。

本項の第2文は、再実施許諾の甲への対価が決定する前に再実施許諾が行われないようにするためです。

（3）第3項

乙は再実施許諾を行う場合、再実施権者と再実施に関する契約（再実施許諾契約）を締結しなければなりません。また、再実施許諾契約で次の事項を遵守させなければなりません。

① 再実施権者は乙と同等の義務を負担し履行すること（ただし、乙が代理して履行することができます。）。

② 甲を免責すること。

③ 本発明の実施の結果について再実施権者が一切の責任を負うこと。

（4）第4項

再実施許諾の甲への対価は、乙が責任をもって徴収し、本対価と合算して甲に支払います。ただし、甲が合意した場合、乙が責任を負うことを条件に再実施権者から甲に直接支払わせることができます。

（5）第5項

再実施許諾の甲への対価に関する報告は、本対価に関する分と併せて、乙が報告します。

第14条（契約終了時の義務）

乙は、本契約が終了した場合（本契約の解約又は解除を含む。）、速やかに、以下に掲げる処理を行わなければならない。
（1）本発明の実施を中止し、生産工程中の製品を破棄する。
（2）第５条に定める最終回の報告書を提出し、本契約終了日までに発生した本対価を支払う。
（3）残許諾製品について、本契約終了時に残許諾製品が販売されたと仮定して本対価を算出し、前号の本対価と合算して支払期限までに支払う。この場合、乙は、本契約終了後１年間に限り、残許諾製品を販売することができる。
2　前項第１号及び第３号後段について、本契約の終了事由が本特許権の消滅による場合はこの限りではない。

本条は、契約終了時の乙の義務を定めています。

本契約の終了には、本契約が解約・解除された場合が含まれます。

括弧書は確認的な記載であり、括弧書がなくとも、解約・解除された場合は含まれると解釈されます。

（1）第1号

乙は、本契約の終了により実施許諾がなくなるため、当然に本発明の実施を中止しなければなりません。また、生産工程中の製品は、それ以降の実施ができないため破棄することになります（乙から「生産工程中の製品を破棄することは難しい」と言われた場合は、「乙は、契約終了後●年間に限り、契約終了時の生産工程中の製品を完成させ、販売できる。これについても、許諾製品と同様に本対価を支払う。支払は、完成させる製品の数量等を算出し、本項第３号の残許諾製品と同様の方法で支払う」とし、契約終了時に将来の完成品の本対価を支払うことで、継続実施を認める方法もあります。）。

（2）第2号

乙は、最終回の報告書を提出し、本対価を支払います。

（3）第3号

残許諾製品について、本契約終了時の許諾製品の販売価格で計算して本対価を支払います。この場合、契約終了後であっても１年間は、残許諾製品を販売できます。

残許諾製品の販売期間を１年間に限定している理由は次のとおりです。

本来であれば、残許諾製品については対価を支払っているため、販売期間を限定する必要はありません。しかしながら、本契約終了後に販売されている製品が、対価を精算した残許諾製品なのか、違法に生産した製品なのかを区別することは困難です。よって、契約終了後１年間に販売されている製品は残許諾製品と捉え、権利行使を行わないものとし、１年間を過ぎても販売している製品は違法製品と捉え、権利行使を行うものとします。乙から「１年間で売り切るのは難しい」と言われた場合は、“１年間”を妥当な期間に変更してください。

第15条（有効期間）、第16条（解除）は、解説省略

第17条（支配権の変動等）

乙は、合併、株式移転、株式交換若しくは乙の株主の全議決権の２分の１を超えて変動するなど乙の支配権に変動が生ずる場合、又は本発明の実施に関連する事業が譲渡される場合、事前に書面にてその旨及び変動先又は譲渡先を甲に通知する。甲は、乙が本契約に定める権利義務を引き継がせることを条件に、前述の支配権の変動又は事業譲渡に伴う本通常実施権等の実施権者の地位の移転を認めるものとする。ただし、甲は、国又は地方公共団体の指示、要望、方針又は施策等により、当該支配権の変動又は事業譲渡に伴う本通常実施権等の実施権者の地位の移転が適当でないと自己が判断した場合、当該支配権の変動時又は事業譲渡時をもって乙に対し何らの責任を負うことなく本契約を解除することができる。

本条は、支配権の変動等を定めています。

合併や株式移転など乙の支配権が変動した場合、ライセンサー（甲）に解除権があることが多いです。しかし、大学発ベンチャー等は、M＆Ａを出口戦略の一つとしており、支配権の変動に伴う解除権は大学発ベンチャー等の目的を果たせないことになります。また、甲としても、本発明が適切に実施されれば、実施権者（乙）が変わっても困ることは少ないと考えられます。ただし、国等の施策等により、政治的な観点から適切でない実施権者が生ずる可能性があります。そこで、原則、実施権者の移転を認めるが、国等の施策等により適切でない実施権者と判断した場合、契約を解除できることとし

ています。また、この判断は、甲ができることがポイントです。国等の指示や施策等が具体的でない場合もあるので、状況を鑑みて総合的に判断できるようにしておく必要があります。

第18条（存続条項）、第19条（損害賠償）、第20条（通知）、第21条（技術移転機関の利用）、第22条（譲渡等）、第23条（協議）、第24条（準拠法及び裁判管轄）は、解説省略

サンプル契約書

特許実施許諾契約書

●●（以下「甲」という。）と■■（以下「乙」という。）は、甲が本発明の実施を乙に許諾するに当たり、次のとおり契約（以下「本契約」という。）を締結する。

（定義）

第１条　本契約において、以下に掲げる用語の意義は、当該各号に定めるところによる。

（１）「本発明」とは、別紙１の項目表第１項に記載の出願（以下「本出願」という。）に係る発明をいう。なお、本出願に基づいて国内優先権主張出願、外国出願、分割出願、変更出願、継続出願等の関連出願がなされた場合、これらの出願に係る発明を含む。

（２）「本特許権」とは、本発明についての特許を受ける権利及び設定登録される特許権をいう。

（３）「第三者への下請製造」とは、以下の①から③の全てを満たす条件にて第三者に製造させることをいう。なお、本契約において、当該第三者の実施は乙の自己実施とみなす。以下、当該第三者を「下請製造者」という。

①　乙が工賃の支払を含む製造委託契約を下請製造者と締結すること

②　乙が下請製造者による原料の購入、品質について指揮監督すること

③　下請製造者が製造した製品の全数を乙が引き取り、下請製造者に販売させないこと

（4）「本技術情報」とは、甲が乙に秘密の旨を明示して開示又は提供した、本発明に関連する技術的な情報をいう。なお、口頭等で情報を開示した場合には、開示時に秘密の旨を告げ、開示日から30日以内に書面にて特定した情報とする。

（5）「残許諾製品」とは、本契約終了時に第３条の本対価が精算されていない許諾製品（生産工程中にあるものではなく、製品として完成している物。主に、在庫や流通中の物）をいう。

2　別紙１の項目表第２項の記載について、以下に掲げる用語の意義は、当該各号に定めるところによる。

（1）「許諾製品」とは、本発明を実施できる製品をいう。

（2）「許諾地域」とは、本発明を実施できる国又は地域をいう。

（3）「許諾態様」とは、本発明を実施できる実施の態様をいう。

（4）「許諾期間」とは、本発明を実施できる期間をいう。当該期間が実施許諾期間となる。

（5）「独占／非独占」とは、本発明を独占的に実施できるか否かをいう。なお、「本発明を独占的に実施できる」とは、次条に定める通常実施権と同一範囲について、甲は乙以外の第三者に本発明の実施を許諾しないことを意味する。

（実施許諾）

第２条　甲は、乙に対し、本特許権について、別紙１の項目表第２項に定める範囲の通常実施権（特許を受ける権利については仮通常実施権）を許諾する。以下、本条で許諾した通常実施権又は仮通常実施権を「本通常実施権等」という。

2　甲は、前項にかかわらず、教育研究目的のために本発明を自ら実施することができる。

（対価）

第３条　乙は、本通常実施権等の対価（以下「本対価」という。）として、別紙１の項目表第４項に定める額を支払う。

2　乙は、本発明を実施した許諾製品の売上高が円以外の通貨の場合、該当する対象期間の乙の最終営業日における三菱UFJ銀行の対顧客電信為替売相場（TTS）を用いて円換算し、本対価を支払う。

(支払)

第4条　甲は、本契約締結後、本対価の①契約一時金に関する請求書を発行する。

2　甲は、次条に定める報告書について疑義がない場合、本対価の②ランニングロイヤリティに関する請求書を発行する。

3　乙は、請求書受理後、以下に掲げる事項に従い本対価を支払わなければならない。

（1）甲の請求書発行日から起算して30日（当該日が土、日又は祝日に該当する場合は翌営業日までとする。以下「支払期限」という。）以内に支払う。

（2）本対価に消費税及び地方消費税を加算した額を支払う。

（3）全額を一括払にて支払う。

（4）甲の指定する銀行口座への振り込みにて支払う。

（5）乙にて振込手数料を負担する。

4　乙は、支払期限までに本対価の支払を行わない場合、支払期限の翌日から支払日までの日数に応じ、その未払額に年3％の割合で計算した延滞金を遅延損害金として支払わなければならない。

5　甲は、支払済みの本対価について、理由のいかんを問わず乙に返還する義務を負わない。

(報告及び監査)

第5条　乙は、別紙1の項目表第5項の対象期間ごとに、別紙2の様式の報告書（以下「報告書」という。）を、報告書提出期限までに甲に提出しなければならない。

2　乙は、最終回の報告書において、残許諾製品について併せて記載しなければならない。

3　乙は、本対価の支払がない場合も、その旨を報告書として作成し、報告書提出期限までに甲に提出しなければならない。

4　甲は、報告書の内容について疑義が生じた場合、乙に問い合わせることができ、乙は、問合せについて回答しなければならない。

5　甲は、報告書以外においても、必要に応じて随時、本発明の実施（実施の予定を含む。）について乙に報告を求めることができ、乙は甲の求める事項について報告しなければならない。

6　甲は、自己の負担により、乙の事業場に甲の職員及び甲の指定する公認会計士等の代理人を派遣し、報告書の基礎となった証票、会計記録及び帳簿等（以下「帳簿等」という。）を調査（帳簿等を複製し調査することを含む。）することができ、乙は正当な理由なくこれを拒むことはできない。また、乙は、帳簿等を、作成した年度（当年4月1日から翌年3月末日までを1年度とする。）の翌年度から●年間保存しなければならない。
7　前項の調査の結果、本対価として支払われた金額が本来支払われるべき金額より●%を超えて過小であったことが判明した場合、前項の調査に要した費用は乙が負担しなければならない。

(権利侵害への対応)
第6条　乙は、本特許権を侵害する者又は侵害するおそれがある者を発見した場合、直ちに甲に書面で通知しなければならない。この場合において、乙は、侵害又は侵害のおそれの根拠となる資料を併せて甲に提示するものとする。
2　甲は、前項の通知を受けた場合、本特許権に基づく権利を行使するか否かを独自に決定することができる。なお、甲は、権利を行使しないことについて、乙に対しいかなる責任も負わない。
3　乙は、前項において甲が権利を行使することを決定した場合、当該権利行使に協力するものとする。
4　本通常実施権等が独占であって、第2項において甲が権利を行使しないことを決定した場合、乙は、自己の負担と責任において単独で権利行使することを希望できる。
5　甲は、乙が前項の権利行使を希望した場合、適用される法律で認められる範囲内で乙が単独で権利を行使できるよう必要な対処を行わなければならない。
6　甲は、前項に基づき乙が権利行使した場合、いつでも権利行使の状況の報告を要求でき、乙は、速やかにこれに応じなければならない。

(特許権の維持)
第7条　甲は、本特許権の維持に努めるものとする。
2　甲は、本特許権が消滅した場合、速やかにその旨を乙に通知しなければならない。

(非保証及び免責)
第8条　乙は、本発明は研究の過程において又は結果として得られたものであるため、安全性、正確性及び技術的な性能等について十分な確証が得られていないことを了承する。

2　甲は、乙に対し、本発明及び本特許権について、以下に掲げる事項を含むいかなる事項についても保証しない。
（1）知的財産権を含む第三者の権利を侵害しないこと
（2）本発明が技術的又は商業的に有用であること
（3）本発明について特許が付与されること。また、特許成立後において、特許が無効とならないこと（甲が拒絶又は無効理由等を知り得たか否かにかかわらない。）
3　甲は、乙の本発明の実施により生じたいかなる事由についても免責される。とりわけ、乙の本発明の実施の結果、環境汚染や環境破壊を招いた場合、製造物責任を問われた場合、第三者に何らかの健康被害を及ぼした場合、その他第三者から何らかの請求を受けた場合又は第三者との間で紛争が生じた場合、乙は、自己の負担と責任において解決しなければならず、甲に負担又は損害を及ぼさないよう保護しなければならない。

（法令遵守）
第９条　乙は、本発明の実施について、自己の責任において、全ての関連する法令を遵守しなければならない。

（秘密保持）
第10条　乙は、本発明及び本技術情報（以下「秘密情報」という。）について、甲の事前の書面による承諾なく第三者に開示又は提供してはならず、善良なる管理者の注意をもって管理しなければならない。また、本契約の履行以外の目的で秘密情報を使用してはならない。ただし、以下に掲げる事項のいずれかに該当するものについてはこの限りではない。
（1）知得時点で既に公知であったもの
（2）乙の責によらず公知となったもの（本出願について出願公開された場合を含む。）
（3）知得時点で既に乙が正当に保有し、かつ、その事実を証明できるもの
（4）乙が正当な権利を有する第三者より秘密保持義務を負うことなく開示されたもので、その事実を証明できるもの
（5）秘密情報によることなく乙が独自に開発したもの
2　乙は、法令又は規則等に基づき裁判所又は監督官庁等から秘密情報の開示を要求された場合、事前に甲に通知した上で、必要最小限の情報に限り開示する

ことができる。

（改良発明）

第11条　乙は、本発明又は本技術情報に基づき発明又は考案を行った場合、速やかにその旨を書面にて甲に通知するものとし、当該発明等の出願の要否及び内容並びにその取扱いについては甲乙協議し決定する。

（甲の商標等の使用禁止）

第12条　乙は、甲の事前の書面による承諾を得た場合を除き、甲の商標等（甲の名称、商標、マーク、デザイン、その他直接又は間接的に甲を想起させると甲が判断する表示をいう。）を、許諾製品に使用（宣伝・広告活動において使用することを含む。）してはならない。

（第三者への実施許諾）

第13条　乙は、別紙１の項目表第３項に定める再実施許諾が可の場合、本通常実施権等に基づき、第三者に本発明の実施を許諾（以下「再実施許諾」という。）することができる（以下、再実施許諾を受けた第三者を「再実施権者」という。）。

２　乙は、再実施権者の候補が生じた時点でその旨を甲に通知し、再実施許諾に対する甲への対価の額を、甲と協議し決定しなければならない。かかる協議が整わない場合、乙は、前項にかかわらず、再実施許諾を行うことができない。

３　乙は、再実施許諾を行う場合、再実施権者と再実施に関する契約（以下「再実施許諾契約」という。）を締結し、再実施許諾契約にて再実施権者に以下に掲げる事項を遵守させなければならない。また、乙は、甲に対し、再実施権者の履行について責任を負わなければならない。

（１）再実施権者は、本契約において乙が負う義務と同等の義務を負担し、これを履行すること

　ただし、乙が再実施権者を代理して履行することを妨げるものではない。

（２）本契約において甲が免責される事項について、甲を免責すること

（３）本発明の実施により生ずる結果について、乙又は再実施権者が一切の責任を負うこと

４　乙は、再実施許諾に対する甲への対価について、乙の負担と責任において徴収し、本対価と合算して甲に支払わなければならない。ただし、甲が合意した場合、支払について乙が責任を負うことを条件に再実施権者から甲に直接支払

わせることができる。

5　乙は、再実施許諾に対する甲への対価に関する報告書を、本対価に関する分と併せて第5条に従い甲に提出しなければならない。

(契約終了時の義務)

第14条　乙は、本契約が終了した場合（本契約の解約又は解除を含む。)、速やかに、以下に掲げる処理を行わなければならない。

（1）本発明の実施を中止し、生産工程中の製品を破棄する。

（2）第5条に定める最終回の報告書を提出し、本契約終了日までに発生した本対価を支払う。

（3）残許諾製品について、本契約終了時に残許諾製品が販売されたと仮定して本対価を算出し、前号の本対価と合算して支払期限までに支払う。この場合、乙は、本契約終了後1年間に限り、残許諾製品を販売することができる。

2　前項第1号及び第3号後段について、本契約の終了事由が本特許権の消滅による場合はこの限りではない。

(有効期間)

第15条　本契約の有効期間は、許諾期間と同一の期間とする。

(解除)

第16条　甲及び乙は、相手方が本契約の定めに違反した場合、30日の期間をもって是正を催告し、相手方が当該期間内に違反を是正できない場合、その後直ちに本契約を解除することができる。

2　前項の定めは、本契約を解除した結果生ずる損害の賠償請求を妨げるものではない。

3　甲は、乙が次の各号のいずれかに該当した場合、乙に対し何らの責任を負うことなく、かつ、何らの催告を要することなく、直ちに本契約を解除することができる。

（1）破産手続、民事再生手続、会社更生手続又は特別清算手続の開始の申立てをなした場合又は申立てを受けた場合

（2）手形又は小切手が不渡りになった場合

（3）租税滞納処分を受けた場合

（4）差押え、仮差押え、仮処分又は競売の申立てを受けた場合

（5）解散を決議した場合
（6）監督官庁より営業の取消し又は停止等の処分を受けた場合
（7）前各号のほか、財務状態若しくは信用状態が悪化した場合又はそのおそれがあると甲が判断した場合
（8）法令に違反した場合又は公序良俗に反する行為を行った場合
（9）甲の信用を毀損した場合又はそのおそれがあると甲が判断した場合
（10）本特許権の有効性を直接又は間接的に争った場合（本特許権に対する情報提供を含む。）
（11）その他本契約を継続しがたい重大な事由が生じた場合
4　乙は、前項各号（第9号を除く。）に定める事由が生じた場合、直ちにその旨を甲に通知しなければならない。

（支配権の変動等）
第17条　乙は、合併、株式移転、株式交換若しくは乙の株主の全議決権の2分の1を超えて変動するなど乙の支配権に変動が生ずる場合、又は本発明の実施に関連する事業が譲渡される場合、事前に書面にてその旨及び変動先又は譲渡先を甲に通知する。甲は、乙が本契約に定める権利義務を引き継がせることを条件に、前述の支配権の変動又は事業譲渡に伴う本通常実施権等の実施権者の地位の移転を認めるものとする。ただし、甲は、国又は地方公共団体の指示、要望、方針又は施策等により、当該支配権の変動又は事業譲渡に伴う本通常実施権等の実施権者の地位の移転が適当でないと自己が判断した場合、当該支配権の変動時又は事業譲渡時をもって乙に対し何らの責任を負うことなく本契約を解除することができる。

（存続条項）
第18条　本契約が終了した場合においても、第10条については本契約終了後3年間、第4条、第5条、第8条、第12条、第13条第3項乃至第5項、第14条、第22条及び第24条の規定は、当該条項が定める期間又は各条項の目的とする事項が消滅するまで有効に存続する。

（損害賠償）
第19条　甲及び乙は、故意又は過失により相手方に損害を与えた場合、相手方に生じた損害を賠償する責を負う。

（通知）

第20条　本契約に基づく各種通知は、別紙１の項目表第６項に定める通知先に対して書面により行うものとする。ただし、相手方が認めた場合、電子メール等の手段により通知を行うことができる。

２　甲及び乙は、前項に定める通知先が変更となる場合、速やかに相手方に変更後の通知先を連絡しなければならない。

（技術移転機関の利用）

第21条　甲は、自己が指定する技術移転機関に対し、本契約に基づく自己の業務を委託することができる。

（譲渡等）

第22条　乙は、本契約に別途定めがない限り、本契約上の地位及び本契約によって生じた権利義務の全部又は一部を、甲の事前の書面による承諾なく、第三者に譲渡し又は担保に供してはならない。

（協議）

第23条　甲及び乙は、本契約に定めのない事項又は本契約の解釈について疑義が生じた場合、法令の規定に従うほか、誠意をもって協議し解決を図る。

（準拠法及び裁判管轄）

第24条　本契約の準拠法は日本国法とする。

２　甲及び乙は、被告の所在地を管轄する地方裁判所を、本契約に関する紛争の第一審の専属的合意管轄裁判所とする。

本契約の締結を証するため、本書２通を作成し、甲乙それぞれ記名押印の上、各１通を保管する。

○○年○○月○○日

（甲）

（乙）

別紙1

項目表

<table>
<tr><td>1．本発明</td><td colspan="2">発明の名称：
出願番号（特許番号）：</td></tr>
<tr><td rowspan="5">2．許諾範囲</td><td>許諾製品</td><td>□特定（【製品を記入】）
□特定しない（全ての製品）</td></tr>
<tr><td>許諾地域</td><td>□限定（【「日本国内」などの国又は地域名を記入】）
□限定なし（本特許権が有効な全ての国及び地域）</td></tr>
<tr><td>許諾態様</td><td>□限定（【「生産及び販売」などの実施態様を記入】）
□限定なし（特許法第２条第３項で定める実施）</td></tr>
<tr><td>許諾期間</td><td>本契約締結日から●年間</td></tr>
<tr><td>独占／非独占</td><td>□独占　□非独占</td></tr>
<tr><td>3．再実施許諾（サブライセンス）の可否</td><td colspan="2">□可
□不可</td></tr>
<tr><td>4．本対価</td><td colspan="2">①契約一時金：●●円
②ランニングロイヤリティ：本発明を実施した許諾製品の売上高×●●%</td></tr>
<tr><td>5．報告書</td><td colspan="2">
<table>
<tr><th></th><th>対象期間</th><th>報告書提出期限</th></tr>
<tr><td>初回</td><td>本契約締結日～
直近の３月31日</td><td>直近の４月30日</td></tr>
<tr><td>２回目以降</td><td>当年４月１日～
翌年３月31日</td><td>翌年４月30日</td></tr>
<tr><td>最終回</td><td>当年４月１日～
本契約終了日</td><td>本契約終了日の翌日から起算し30日以内</td></tr>
</table>
</td></tr>
<tr><td>6．通知先</td><td colspan="2">甲：
乙：</td></tr>
</table>

別紙2

報告書

●年●月●日

●●大学
学長　様

住所：
法人名：
代表者：　　　　　　　　印

特許実施許諾契約（○年○月○日締結）第5条第1項に基づき、本対価について次のとおり報告します。

記

1．報告対象期間　　●年●月●日 ～ ●年●月●日

2．実施状況

許諾製品名	販売数量（個）	単価（円）	売上高（円）
計			

3．本対価（第3条第1項）
（1）ランニングロイヤリティ：売上高×●%=　　　　円
（2）消費税相当額：（1）×10%=　　　円
（3）合計（支払額）：（1）+（2）=　　　円

4．担当者（本報告書の照会先）
住所：
担当部署：
氏名：
TEL：
e-mail：

5．その他
・「再実施許諾に対する甲への対価」がある場合、これについても記載する（第13条第5項）。
・最終回は、残許諾製品を追記する（第5条第2項）。

以上

3 Q&A

Q1：実施料はどのようなものが考えられますか。

A1：

実施料は次のようなものが考えられます。

（1）契約時一時金（イニシャル・ペイメント）

契約時一時金と（2）のランニングロイヤリティの組合せが一番多いと思われます。ライセンサーが実施許諾契約締結までに要した費用を回収する目的で設定されることも多いです。

（2）ランニングロイヤリティ

「売上高×料率（●%）」が多くみられます。その他には、「販売数量×●円」やソフトウエアの場合「ID数×●円」も見受けられます。

（3）マイルストーンペイメント

一定のフェーズに到達した場合に支払う一時金です。創薬分野に多く、「in vivo導入時、治験申請時、臨床試験第Ⅱ相開始時、…」等があります。また、他分野でも「試作品作成時、フィールドテスト開始時、…」もあります。特許権利化フェーズにおいて「特許登録時」という場合もあります。

（4）最低実施料（ミニマムロイヤリティ）

主に、独占的実施権時に設定されます。例えば最低実施料を●円とした場合、ランニングロイヤリティが●円にいかなくても●円を支払うことになります。ライセンサーにとっては、ライセンシーの売上げにかかわらず、●円は支払われることを担保できます。

（5）年間実施料・定額実施料

ライセンシーの売上げに関係なく、年間●円と固定金額が支払われます。ライセンサーにとっては、必ず●円が支払われること、報告書等の精査が不要なこと、のメリットがあります。ライセンシーにとっても、支払金額が固定しており事業化への影響を制御することができます。また、売上げが算出しにくい場合も、年間又は定額実施料が使われることがあります。

（6）出願維持費用相当額

実施許諾期間に生じた特許の出願維持費用と同額をライセンシーに負担させます。主に独占的実施権時に用いられます。独占的実施権時は、特定のライセンシーしか特許を実施しないため、このような費用も実施料の一部として設定します。

（7）新株予約権・株式

実施料を現金ではなく、新株予約権や株式として取得します。大学発ベンチャー等への実施許諾時に用いられることが多いようです。大学発ベンチャー等は、現金を十分に有していないこともあり、新株予約権や株式で支払いたいという需要があります。ライセンサーである大学等も、大学発ベンチャー等をサポートする一環から、新株予約権や株式での支払を受け入れることが増えています。また、当該ベンチャー等が成長すれば新株予約権等の価値が増し、ライセンサーも恩恵を受けることができます。

Q2：売上高と正味販売高の違いは何ですか？

A2：

実施料を計算する場合、売上高と正味販売高のどちらを基準とするかが問題になることがあります。

売上高は、何も控除しない、売上高そのものです。販売価格や総販売価格と呼ばれることもあります。

正味販売高は、売上高から一定のコストを控除した金額をいい、正味販売価格や純販売価格と呼ばれることもあります。控除するコストは、後々問題とならないよう明確化することをお勧めします。一般的には、包装梱包費、輸送費、保険料、倉庫保管料、割引料、値引き、消費税等が控除の対象となります。

Q3：「販売委託」ということを聞きます。法律的にはどのような考え方になるのでしょうか。また、再実施許諾が必要となるのでしょうか。

A3：

一般的には、①の販売代理店のケースをいいます。

しかしながら、②の小売店のケースを呼ぶこともあるようです。

販売代理店と卸・小売店

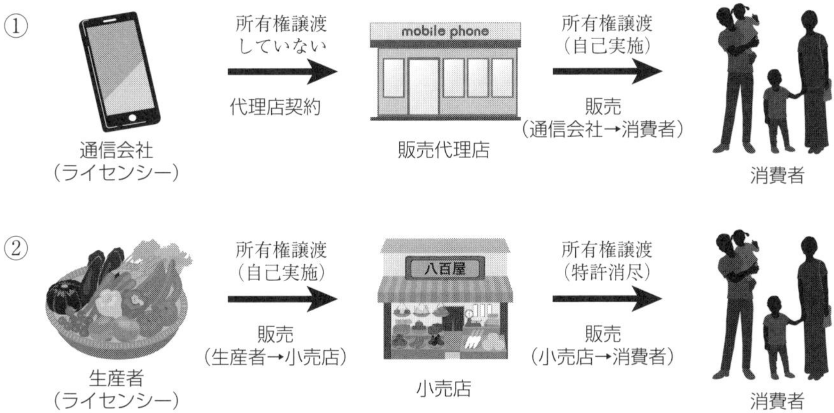

①は、ライセンシーを通信会社とし、特許製品を携帯電話としたときのケースです。販売代理店に携帯電話の所有権を譲渡しておらず、消費者への販売はライセンシー（通信会社）の自己実施と考えられます。

②は、ライセンシーを生産者とし、特許製品を野菜としたときのケースです。小売店に野菜を引き渡す時点で所有権が移転するため、消費者への販売は小売店の実施と考えられます。ここで、小売店は実施許諾を受けていないため、小売店の野菜の販売（特許製品の譲渡）が特許権の侵害に当たるか否かが問題になります。

これについては、特許権の消尽という考え方があります。特許権の消尽とは、「特許発明の実施品（特許製品）が、特許権者やライセンシーによって販売されるなど、適法に流通に置かれたときは、その実施品の転売について特許権の効力は及ばない」という考え方です。これによると、小売店の販売は特許権の侵害に当たらないと考えられます。

したがって、①②どちらのケースも、再実施許諾しなくても問題ないことになります。

ただし、②については、製造、販売や流通経路において国外を含む場合、各国特許法により特許権の消尽の考え方が異なる可能性があるため注意が必要です。よって、国外の活動が想定される場合は、念のため再実施許諾を行うことをお勧めします。

Q4：実施料の一部として新株予約権を取得するケースを聞きます。新株予約権について教えてください。

A4：

新株予約権とは、株式会社に対して行使することにより当該株式会社の株式の交付を受けることができる権利をいいます（会社法２条21号）。新株予約権には行使期間があり、当該期間内に権利を行使して株式の交付を受けない場合、新株予約権は消滅します。

新株予約権について、新株予約権１個当たりの交付株式数、新株予約権の行使価格、行使期間等は重要です。これらは、通常、新株予約権を取得する際に締結する新株予約権割当契約等で定められます。

株式の売却価格と新株予約権の行使価格の差額が利益となります。

株式の売却価格は、株式市場の市場価格、Ｍ＆Ａでの買取価格（株式交換の場合、他企業の株式との交換のケースもある。）が考えられます。また、新株予約権の発行会社が買い取るケースもあります。

Q5：特許権の設定登録前は、権利範囲が変更する可能性があります。この場合の実施料の考え方について教えてください。

A5：

特許権の設定登録前は、拒絶理由通知等の対応により、特許請求の範囲が補正されることが多々あります。これにより、権利範囲が変更され、特許実施許諾契約締結時に目論んでいた権利範囲とならない可能性があります。これについて、以下の２つが考えられます。

（1）権利範囲が変更された場合、実施料を協議する。

（2）権利範囲が変更された場合であっても、実施料は変更しない。

それぞれのメリット、デメリットは次のとおりです。

	（1）のケース	（2）のケース
メリット	実態に即している	実務上の負担が軽減される
デメリット	・都度協議が生じ、実務上の負担が大きい ・新しい実施料が合意できるか不安 ・協議が長引いた場合、協議中の実施料をどうするか	実施料の妥当性に疑念が生ずる

このほかにも、権利範囲が変更された場合に備え、あらかじめ変更後の実施料を決めておくことも考えられますが、なかなか難しい側面があります。

【参考条文】

（1）「協議する」ケース

乙は、本特許権について、特許請求の範囲が補正又は訂正され技術的範囲が減縮又は変更された場合、実施料の額について甲と協議できる。ただし、当該協議が整うまでに実施料の支払が生じた場合は、協議前の額を実施料として甲に支払うものとする。

（2）「変更しない」ケース

甲及び乙は、本特許権について、特許請求の範囲が補正又は訂正され技術的範囲が減縮又は変更された場合においても、実施料の額について変更しない。

Q6：複数の特許を実施許諾する場合、一部の特許が消滅することが考えられます。この場合の実施料の考え方について教えてください。

A6：

複数の特許を実施許諾する場合の実施料として、以下の２つが考えられます。

（１）各特許の実施料を設定

（２）全ての特許を合わせた実施料を設定

（１）の場合、一部の特許が消滅すれば、当該特許の実施料を削減すればよいので問題ありません。

（２）の場合ですが、Ｑ５と同様の考え方ができます。

① 一部の特許が消滅した場合、実施料を別途協議する。

② 一部の特許が消滅した場合においても、実施料は変更しない。

なお、複数の特許といっても、重要特許とそうでない特許が混在している場合もあるので、重要特許が消滅した場合のみ協議することも考えられます。

③ 一部の特許が消滅した場合においても、実施料は変更しない。ただ

し、「【特許番号】」が消滅した場合は、実施料を別途協議する。

【参考条文】

（1）「協議する」ケース

乙は、本特許権のうち、いずれか一の特許権が消滅した場合、実施料の額について甲と協議できる。ただし、当該協議が整うまでに実施料の支払が生じた場合は、協議前の額を実施料として甲に支払うものとする。

（2）「変更しない」ケース

甲及び乙は、本特許権のうち、いずれか一の特許権が消滅した場合であっても、実施料の額を変更しない。

（3）「重要特許が消滅した場合協議する」ケース

甲及び乙は、本特許権のうち、いずれか一の特許権が消滅した場合であっても、実施料の額を変更しない。ただし、「【特許番号】」が消滅した場合は、前述にかかわらず、甲及び乙は、実施料の額について協議する。なお、当該協議が整うまでに実施料の支払が生じた場合は、協議前の額を実施料として甲に支払うものとする。

Q7：特許実施許諾契約の中で、有体物、ソフトウエア、ノウハウ等（以下「有体物等」という。）を一緒に実施許諾することがあります。このときの注意点を教えてください。

A7：

特許権は出願日から20年（延長により最長25年）で消滅します。ところが、有体物等は、これより長く存続するので、特許権が消滅した後の取扱いを定める必要があります。これについて、以下が考えられます。

（1）特許権消滅と同時に有体物等の使用も終了

（2）特許権消滅後においても有体物等の継続使用を認める

（3）特許権消滅時に有体物等の継続使用を協議する

継続使用を認める場合、継続期間や使用条件を決めなければなりません。

有体物等はほぼ無期限に存続するので、継続期間を定めることをお勧めします。使用条件は、いろいろと考えられますが、次の参考条文では、特許実施許諾と同条件としています。

【参考条文】

（1）「使用終了」のケース

甲及び乙は、本特許権が消滅した場合、本契約を終了する。この場合、乙は、本有体物等を甲に返還又は甲の指示する方法で処分し、本有体物等を継続して使用してはならない。

（2）「継続使用」のケース

甲及び乙は、本特許権が消滅した場合、本契約を終了する。この場合、乙は、本特許権と同額の実施料を甲に支払うことを条件に、本契約終了後●年間、本特許権の実施許諾と同範囲で本有体物等を継続して使用できる。

（3）「継続使用協議」のケース

甲及び乙は、本特許権が消滅した場合、本契約を終了する。この場合、甲及び乙は、乙の本有体物等の継続使用について協議する。なお、乙は、協議が整うまで、本有体物等を使用してはならない。

Q8：改良発明と独占禁止法の関係について教えてください。

A8：

「知的財産の利用に関する独占禁止法上の指針（平成28年1月21日改正公正取引委員会）」には、ライセンシーが開発した改良技術について、ライセンサーがどのような扱いを求めた場合、独占禁止法上の不公正な取引方法に該当するか記載されています。

指針では、改良技術に係る権利を下記のケースで判断しています。

① ライセンサーに譲渡

② ライセンサーに独占実施権

③ ライセンサーと共有

④ ライセンサーに非独占実施権
⑤ ライセンサーに報告

以下、これらについて、独占禁止法の基準をまとめました。

改良発明の処分	独占禁止法の基準
譲渡	●
独占実施権	●
共有	△
非独占実施権	○
報告	○

●：原則、不公正な取引方法に該当する。
△：公正競争阻害性を有する場合は、不公正な取引方法に該当する。
○：原則、不公正な取引方法に該当しない。

ライセンサーに改良発明を譲渡、独占実施権といった処分は、技術市場又は製品市場におけるライセンサーの地位を強化し、ライセンシーの研究開発意欲を損ね、また、通常、このような制限を課す合理的理由が認められないため、原則として不公正な取引方法に該当するとされています。

ライセンシーが開発した改良発明をライセンサーと共有することは、譲渡や独占実施権よりはライセンシーの研究開発意欲を損なう程度は小さいが、ライセンシーが自ら改良・応用研究の成果を自由に利用・処分することを妨げることから、公正競争阻害性を有する場合には、不公正な取引方法に該当するとされています。

ライセンサーに非独占的実施権を許諾することは、ライセンシーが自ら開発した改良技術を自由に利用できる場合は、ライセンシーの事業活動を拘束する程度は小さく、ライセンシーの研究開発意欲を損なうおそれがあるとは認められないので、原則、不公正な取引方法に該当しないとされています。また、ライセンシーの改良発明の報告義務も同様の判断がなされます。

Q9：ライセンサーからの解約について教えてください。

A9：

「ライセンス契約において、ライセンサーが一方的に又は適当な猶予期間を与えることなく直ちに契約を解除できる旨を定めるなど、ライセンシーに一方的に不利益な解約条件を付す行為は、独占禁止法上問題となる他の制限行為と一体として行われ、当該制限行為の実効性を確保する手段として用いられる場合には、不公正な取引方法に該当する（知的財産の利用に関する独占禁止法上の指針）」とされています。また、自動更新規定がある場合、事前に申し出れば契約を終了できるようになっていますが、「継続的な取引契約において、終了の申出期間が短いうえ、単に自社の都合だけで取引の相手方にはまったく責めに帰すべき理由がない場合で、相手方が終了の承諾をしない場合、相手方の事業体制立直しなどに必要な期間をとって契約終了の申出をするか、相当の営業補償を覚悟する必要がある場合がある（BUSINESS LAW JOURNAL 2009.3）」との見解もあります。

このように、ライセンサーからの解約は種々の制限が課される可能性があることに注意が必要です。

よって、可能な限り契約期間を定めること、また、自動更新規定は採用せず、両当事者の合意により延長することをお勧めします。

次の参考条文は、実施料が●回連続してない場合、解約できる例です。実施料が発生していないということは、事業に至っていないため、特許の有効活用を考えても解約の合理性は高いと思われます。

【参考条文】

甲は、本対価（再実施許諾に対する甲への対価を含む。）の支払がない旨の報告を●回連続して受けた場合、その後直ちに、乙及び再実施権者に対し何らの責任を負うことなく本契約を解約できる。

（※下線部について、「独占的実施権を非独占的実施権に変更できる」という案も考えられます。）

4　関連契約

（1）共同出願の実施契約

共同出願の実施契約とは、企業と共同出願した共有特許について、企業の自己実施や第三者に実施許諾した場合の経済的条件を定める契約です。

共同出願契約では、共同出願時に商業的な実施が具体化されていることは少なく、経済的条件を定めることは困難です。よって、企業の商業的な自己実施や第三者への実施許諾が具体化した段階で、共同出願の実施契約として経済的条件を定めることが一般的に行われています。

特許実施許諾契約と共同出願の実施契約では、次の違いがあります。

特許実施許諾契約	権利者（ライセンサー）が非権利者（ライセンシー）に実施許諾する契約
共同出願の実施契約	権利者の実施条件を決める契約

権利者と非権利者という違いから、大学等への対価について、次の違いがあります。

特許実施許諾契約	一時金＋ランニングロイヤリティが一般的
共同出願の実施契約	・ランニングロイヤリティのみのケースもある。 ・対価から特許費用の大学等持分相当額の控除を要求されるケースもある。

権利行使については、次の違いがあります。

特許実施許諾契約	原則、権利者（ライセンサー）が行わなければならない。結果、権利者に責任が伴う。
共同出願の実施契約	共有者が単独で行うことができる範囲は、共有者が単独で権利行使できる。また、共同で権利行使を行う場合でも、共有者に対処を任せることができる。

契約の解除の効果については、次の違いがあります。

特許実施許諾契約	契約解除後は他者に実施許諾が可能
共同出願の実施契約	契約解除しても大学等の単独権利となるわけではない（共有権利のまま）。 よって、契約解除の効果を定めておく必要がある。

このように、両契約は似ている部分も多いですが、異なる部分も多々あります。契約解除の効果の例文を下記に示します。

【参考条文】

契約解除の効果

甲及び乙は、本契約を解除した場合、本契約の他の条項及び共同出願契約の定めにかかわらず、以下に従うものとする。

本特許権は、解除の時点をもって、解除を行った当事者（以下「解除者」という。）に全て単独に帰属し、共同出願契約は終了する。本契約を解除された当事者（以下「被解除者」という。）は、解除者が本特許権の名義変更等を単独で行うことについて本契約をもって同意し、その他、解除者の指示に従い、本特許権の名義変更等に必要な書類等（解除者による単独申請についての同意書を含む。）を作成して解除者に提出するものとする。

なお、本特許権について、解除者の名義変更等手続が完了する前の共有名義となっているものについては、解除者は、被解除者の同意なく、かつ、何らの制限なく、自由に実施でき、第三者に実施許諾できるものとする。

コラム5　コーヒーの時間

私の一番好きなコーヒーは、モカです。モカは、酸味と甘みが強いと言われていますが、私が好きなのはこの甘みなのです。砂糖ほど強くなく、何とも言えない微妙な甘みです。

その味わい方ですが、まず、入れたての熱々ではない、ぬるめの温度になるのを待ちます。そして、口に含み舌で味わうように、ゆっくりと飲みこみます。そうすることで、舌にほんのりとした甘みが残り、この感覚を味わうことが私の至福のときなのです。

『陰翳礼讃（谷崎潤一郎著）』では、羊羹を食べるくだりを「人はあの冷たく滑らかなものを口中にふくむ時、あたかも室内の暗黒が一箇の甘い塊になって舌の先で融ける感じ」と表現しています。喫茶店で友人と語り合う時間もよいですが、一人で好きなコーヒーをゆっくりと味わう時間もよいのではないでしょうか。

Software License Agreement

9

ソフトウエア使用許諾契約

第9章 Software License Agreement ソフトウエア使用許諾契約

1　概要

ソフトウエア使用許諾契約とは、ソフトウエアに係る権利を有する者が第三者にそのソフトウエアの使用を許諾する契約です。

ソフトウエアを作成すると、通常は創作性がある著作物が作成されたとして、かかるソフトウエアに著作権が発生します。また、ソフトウエアについて特許権を取得することもあります。よって、ソフトウエアの使用を希望する場合、ソフトウエアの権利者から許諾を受ける必要があります。

ソフトウエア使用許諾契約

「著作権の利用許諾」ではなく、「ソフトウエアの使用許諾」とされるのは、著作権にとらわれず種々の使用条件を定めることが多いため、「ソフトウエアを使用する」ための契約とすることが多いです。また、この業界の慣習的な部分もあります。

ここで、「ソフトウエア」とは、プログラムを指すことが多いですが、決まった定義はありません。よって、プログラムのみを指すのか、マニュアル等も含めるのか、明確にするようにしてください。

2　重要条文と条文解説

ソフトウエア使用許諾契約で重要な条文は、次のとおりです。

(1) 使用許諾

この契約で一番重要な条文です。使用許諾の範囲や、独占・非独占を定めます。

また、使用許諾の範囲では、許諾製品等の重要な要素を規定します。

(2) 本ソフトウエアの提供

特許実施許諾契約と異なり、ソフトウエアという「物」を提供します(特許実施許諾契約は、特許権という「権利」の許諾のみで、「物」の提供はありません。)。よって、提供するソフトウエアの特定や、提供方法等を定める必要があります。

(3) 対価

特許実施許諾契約と同様に、「使用許諾」と対をなす条文として重要です。

(4) 本ソフトウエアの改変等

ソフトウエアの性質上、提供したソフトウエアを改変や改良等して使用することが多々あります。その場合の条件や、改変ソフトウエアの扱いを定めます。改変ソフトウエアは、提供したソフトウエアと利用関係を有することも多く、これをどのように使用できるかは、ライセンシーの事業にも影響します。

これらを踏まえ、サンプル契約書（pp.221～234）の主要な条文を解説します。第8章の特許実施許諾契約と異なる部分を中心に説明します。

甲がライセンサー（権利者）、乙がライセンシー（使用権者）とします。
サンプル契約書は、次の条項から成り立っています。

第１条　定義
第２条　使用許諾【重要】
第３条　本ソフトウエアの提供【重要】
第４条　対価
第５条　支払
第６条　報告及び監査
第７条　権利侵害への対応
第８条　非保証及び免責
第９条　法令遵守
第10条　秘密保持
第11条　本ソフトウエアの改変等【重要】
第12条　本ソフトウエアの修正
第13条　最新の本ソフトウエアの使用
第14条　甲の商標等の使用禁止
第15条　第三者への使用許諾
第16条　契約終了時の義務
第17条　有効期間
第18条　解除
第19条　支配権の変動等
第20条　存続条項
第21条　損害賠償
第22条　通知
第23条　技術移転機関の利用
第24条　譲渡等
第25条　協議
第26条　準拠法及び裁判管轄
別紙１　本ソフトウエア

別紙２　項目表
別紙３　報告書

第１条（定義）

本契約において、以下に掲げる用語の意義は、当該各号に定めるところによる。
（1）「本ソフトウエア」とは、別紙１に記載の本プログラム及び本関連資料をいう。また、本プログラム及び本関連資料をそれぞれ、「本プログラム」「本関連資料」という。
（2）「本技術情報」とは、甲が乙に秘密の旨を明示して開示又は提供した、本ソフトウエアに関連する技術的な情報をいう。なお、口頭等で情報を開示した場合には、開示時に秘密の旨を告げ、開示日から30日以内に書面にて特定した情報とする。
（3）「残許諾製品」とは、本契約終了時に第４条の本対価が精算されていない許諾製品（生産工程中にあるものではなく、製品として完成している物。主に在庫や流通中の物）をいう。
2　別紙２の項目表第２項の記載について、以下に掲げる用語の意義は、当該各号に定めるところによる。
（1）「許諾製品」とは、本ソフトウエアを使用できる製品をいう。
（2）「許諾用途」とは、本ソフトウエアを使用できる用途をいう。
（3）「許諾場所」とは、本ソフトウエアを使用できる場所をいう。
（4）「その他制限」とは、「許諾製品」「許諾用途」及び「許諾場所」以外の本ソフトウエアを使用する上での制限をいう。
（5）「許諾期間」とは、本ソフトウエアを使用できる期間をいう。当該期間が使用許諾期間となる。
（6）「独占／非独占」とは、本ソフトウエアを独占的に使用できるか否かをいう。なお、「本ソフトウエアを独占的に使用できる」とは、次条に定める本使用権と同一範囲について、甲は乙以外の第三者に本ソフトウエアの使用を許諾しないことを意味する。

本条１項は、本契約において使用される用語を定義しています。

（1）第1号

「本ソフトウエア」とは、別紙１に記載した本プログラム及び本関連資料をいいます。対象を明確にするため、できるだけ詳細（ファイル名やライブラリ名など）に記述してください。本ソフトウエアの対象が明確でないと、「このソフトウエアはライセンスの対象である。いや対象でない」といった揉め事の原因にもなります。

（2）第2号

「本技術情報」とは、甲が乙に秘密の旨を明示して開示又は提供した、本ソフトウエアに関連する技術的な情報です。乙は、本技術情報について秘密保持義務を負います。

（3）第3号

「残許諾製品」とは、①②の両方に該当するものをいいます。

① 本契約終了時に売上げが生じていないため本対価が精算されていないもの

② 製品としては完成しているもの（生産工程中でない。）

在庫として保管中のものや、販売まで至っていない流通中のものが、残許諾製品に該当すると考えられます。

サービスについては、提供中のサービスで売上げが精算されていないものが該当します。

本条2項は、別紙2の項目表2項を説明しています。

（項目表2項は、使用権の範囲を特定する重要な要素であり、当事者間で疑義が生じないように本項を設けています。）

使用権は、許諾製品、許諾用途、許諾場所、許諾期間で特定することが一般的です。また、その他の制限を付けることもあります。

（1）第1号

「許諾製品」とは、本ソフトウエアを使用できる製品です。

許諾製品を特定した場合、特定した製品にのみ本ソフトウエアを使用できます。許諾製品を特定しない場合は、乙の全ての製品について本ソフトウエアを使用できます。許諾製品を特定することにより、それ以外の製品について、本ソフトウエアを別の企業にも使用許諾できます。

（2）第2号

「許諾用途」とは、本ソフトウエアを使用できる用途です。「●●サービスの提供」「●●の生産及び販売」等、使用用途を記載してください。

（3）第3号

「許諾場所」とは、本ソフトウエアを使用できる場所です。「日本国内」といった、国・地域単位だけでなく、「企業内限定」といった範囲の制限も可能です。

（4）第4号

「その他制限」とは、「許諾用途」及び「許諾場所」以外の制限です。「インストールできるPCの台数制限」や「ID数制限」等が考えられます。

（5）第5号

「許諾期間」とは、本ソフトウエアを使用できる期間、すなわち使用許諾期間です。当該期間が本契約の有効期間でもあります（17条）。

（6）第6号

使用許諾には、独占と非独占の形態があります。独占とは、同一範囲について、甲は乙以外の第三者に使用を許諾しないことを意味します。この意味は、甲は、乙のビジネス的な独占を保証するのではなく、ほかには本ソフトウエアを使用許諾しない、ということを保証しています。よって、独占の使用許諾を受けた場合でも、乙がビジネス的観点で市場を独占できるかどうかは分かりません（7条の「権利侵害への対応」とも関係します。）。

第2条（使用許諾）【重要】

甲は、乙に対し、本ソフトウエアについて、別紙2の項目表第2項に定める範囲の使用を許諾する（以下「本使用権」という。）。

2　乙は、本使用権の行使（第15条に定める場合を含む。）を除き、本ソフトウエアを第三者に提供又は貸与してはならない。

3　乙は、本使用権の範囲内で本ソフトウエアを複製して使用できる。なお、当該複製物についても、本契約上の本ソフトウエアとして取り扱う。

4　乙は、本プログラムがオブジェクトコード形式で提供された場合、本プログラムを逆コンパイル、逆アセンブル等のリバースエンジニアリングにより解析してはならない。

5　乙は、本プログラムを他のプログラムと結合若しくは連結又は他のプログラムに組み込む場合、本プログラムと当該他のプログラムを区別又は分離できるよう行わなければならない。
6　乙は、本プログラムをオープンソースソフトウエアと関連付ける場合（本プログラムを改変しオープンソース化することを含む。）、事前に甲の承諾を得なければならない。
7　甲は、第1項の規定にかかわらず、いかなる場合も教育研究目的のために本ソフトウエアを自ら使用できる。

本条は、使用許諾を定めています。

（1）第1項

使用権は、別紙2の項目表2項に定める範囲となります。本項の権利を「本使用権」といいます。

項目表2項については、1条2項の説明を確認ください。

（2）第2項

乙は、本使用権の行使以外で、第三者に本ソフトウエアを提供や貸与してはなりません。本使用権の行使には15条の再使用許諾を含みます。

（3）第3項

乙は、本使用権の範囲内で本ソフトウエアを複製して使用できます。複製物についても本ソフトウエアとして扱います。

（4）第4項

本プログラムをオブジェクトコード形式で提供した場合、逆コンパイル等のリバースエンジニアリングで解析してはなりません。技術の秘匿性の点で重要です。

（5）第5項

本プログラムを他のプログラムと結合、連結又は他のプログラムに組み込む場合、他のプログラムと区別又は分離できることを要求しています。本プログラムの権利は甲に単独に帰属する一方、他のプログラムの権利は他のプログラムの所有者に帰属します。これらが区別又は分離できなくなった場合、全て共有にせざるを得ない事態も生じ、トラブルのもとになります。

(6) 第6項

本プログラムをオープンソースソフトウエアと関連付ける場合、甲の承諾を要求しています。オープンソースソフトウエアと関連付けるとは、本プログラムとオープンソースソフトウエアを結合、本プログラムを改変しオープンソースソフトウエア化（派生物のオープンソースソフトウエア化）するなどが考えられます。これらは、オープンソースソフトウエアに付帯しているライセンスの影響を受けるため、ライセンス条件の確認が必要です。

(7) 第7項

「第１項の規定にかかわらず」とは、乙に対し独占的な使用許諾であっても、という意味です。

第３条（本ソフトウエアの提供）【重要】

甲は、CD-ROM等の記録媒体又はインターネット等の電気通信回線にて、本ソフトウエアを乙に提供しなければならない。ただし、本関連資料については紙等の媒体にて提供できる。

2　甲は、別紙２の項目表第４項の形式にて、本プログラムを乙に提供しなければならない。なお、甲は、オブジェクトコード形式での提供であっても、インタプリタ方式で実装されているプログラムについては、ソースコード形式にて提供しなければならない。

3　乙は、本ソフトウエアを受理後10日（以下「確認期間」という。）以内に本ソフトウエアの不足等を確認し、これらの事項を発見した場合甲に通知しなければならない。甲は、通知を受けた場合、新たな本ソフトウエアを提供しなければならない。なお、乙が確認期間内に何らの通知も行わない場合、本ソフトウエアは適切に提供されたものとみなす。

4　乙は、本ソフトウエアの提供後においても、本ソフトウエアに係る全ての権利は甲又は本ソフトウエアの権利者に留保されることを了承する。

本条は、本ソフトウエアの提供を定めています。

(1) 第1項

甲は、CD-ROM等での記録媒体か、インターネット等での配信により本ソフトウエアを乙に提供しなければなりません。記録媒体には、CD-ROMのほか、DVDや磁気メモリが考えられます。また、インターネット等での配信は、電子メールでの添付ファイルやインターネット上へのアップロード、ファイル交換、ファイル共有などが考えられます。また、本関連資料は、紙媒体で提供できます。

(2) 第2項

別紙２の項目表４項の形式で本プログラムを提供しなければなりません。なお、インタプリタ方式のプログラムは、コンパイルを要せず直接プログラムを読み込んで実行するため、ソースコード形式で提供することになります。

(3) 第3項

乙は、本ソフトウエア受理後10日以内に不足や不具合を確認しなければなりません。

甲は、不足等の通知を受けた場合、新たな本ソフトウエアを提供しなければなりません。

確認期間内に乙から何も連絡がない場合、本ソフトウエアが適切に提供されたものとみなします。

(4) 第4項

本ソフトウエアを乙に提供したからといって、権利を譲渡したとはみなさない（甲又は本ソフトウエア権利者に権利は留保される。）ことを記載しています。権利は、著作権や特許権が考えられます。本項がなくとも通常は「留保される」と考えられますが、確認のため記載しています。

第４条（対価）、第５条（支払）、第６条（報告及び監査）、第７条（権利侵害への対応）、第８条（非保証及び免責）、第９条（法令遵守）、第10条（秘密保持）は、解説省略

第11条（本ソフトウエアの改変等）【重要】

> 乙は、別紙２の項目表第５項に定める改変等が可の場合、本ソフトウエアを

改変、改良又は翻案（以下「改変等」という。）することができる。なお、乙は、別紙２の項目表第５項に定める改変等が不可の場合であっても、著作権法第20条第２項第３号に定める改変については行うことができる。
2　乙は、前項の本ソフトウエアの改変等により生じたソフトウエア（以下「改変ソフトウエア」という。）について、甲に通知しなければならない。
3　改変ソフトウエアの全ての権利は、甲乙共有とし、持分は均等とする。この場合であっても、本ソフトウエアに係る権利は、第３条第４項の定めのとおり、甲又は本ソフトウエアの権利者に留保される。
4　乙は、本契約の有効期間中、改変ソフトウエアを本使用権の範囲内にて使用することができ、その他の用途に改変ソフトウエアを使用してはならない。なお、改変ソフトウエアの使用についても、第４条の本対価を支払う対象とする。
5　甲及び乙は、本契約の終了時、本契約の終了後の改変ソフトウエアの使用条件について、協議し決定する。
6　甲は、前項の定めにかかわらず、本契約の終了後においても、教育研究目的のために改変ソフトウエアを使用することができる。なお、乙は、改変ソフトウエアについて、甲及び甲が指定する者に対し、著作者人格権を行使しないものとし、自己が著作者でない場合には、著作者に対し著作者人格権を行使しないよう措置しなければならない。
7　乙は、改変ソフトウエアについても、第８条に定める範囲と同等の範囲で甲が免責されることを了承する。
8　本条は、改変ソフトウエアを更に改変等したソフトウエアについても適用する。

本条は、本ソフトウエアの改変等を定めています。

（1）第1項

乙は、別紙２の項目表５項が改変等“可”の場合、本ソフトウエアを改変、改良、翻案（以下「改変等」という。）することができます。

改変等のうち、“翻案”のみが著作権法で規定されています。翻案されたソフトウエアは、本ソフトウエアを原著作物とする二次的著作物となり、著作権法上の保護を受けます（著作権法２条１項11号、27条、28条）。ところが、改変等されたソフトウエアが「二次的著作物」に当たるのか、「別の著作物」になるのかの判断は困難です（次図を参照）。そこで、改変等されたソフトウエアの帰属及び取扱いを契約で定め、二次的著作物か否かの判断を不要としています（契約の定めは著作権法に優先するので、

「二次的著作物」の場合でも、本契約に定めがあれば著作権法ではなく本契約で定める帰属及び取扱いになります。)。これにより、二次的著作物であっても別の著作物であっても同じ扱いにすることができます。

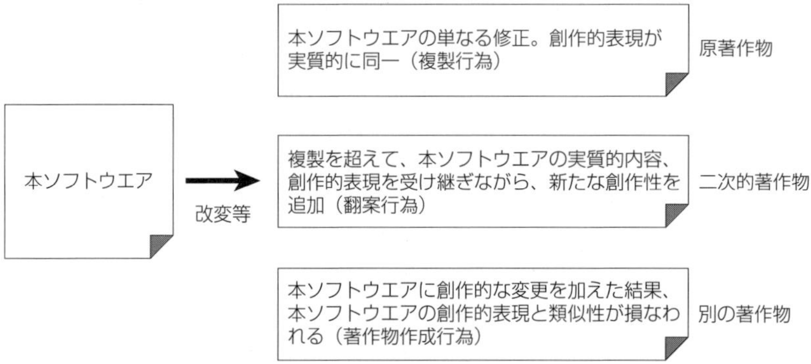

出典：『ソフトウエア取引の法律相談』TMI 総合法律事務所編 P.399

なお、改変等が“不可”の場合であっても、著作権法で認められている改変は認めています（著作権法20条２項３号）。

（2）第2項

乙は、改変ソフトウエアを作成した場合、甲に通知しなければなりません。改変ソフトウエアを作成するのは乙であり、甲は、改変ソフトウエアの作成を知ることができないからです。改変ソフトウエアは頻繁に生ずることが予想されるため、通知は、その都度ではなく、定期的がよいと思います。これについては運用で調整してください。

（3）第3項

改変ソフトウエアの権利は甲乙共有となります。持分は均等です。

改変ソフトウエアは共有ですが、当然ながら、改変ソフトウエアの元の本ソフトウエアの権利は、甲（又は本ソフトウエアの権利者）のままです。

（4）（5）（6）第4項、第5項、第6項

改変ソフトウエアの使用条件について記載しています。

【乙の使用条件】

①　本契約期間中：本使用権の範囲内で使用できる。本ソフトウエアの

使用と同等とみなし本対価を支払う（第４項）

② 本契約終了後：本契約終了時に使用条件を協議する（第５項）

※改変ソフトウエアを使用すると本ソフトウエアを使用することになる場合（いわゆる利用関係）、別途本ソフトウエアの使用許諾が必要です。

【甲の使用条件】

教育研究目的に使用できる。乙は、著作者人格権を行使しない（乙が著作者でない場合、著作者に行使させない。）。（第６項）

（7）第7項

甲は、改変ソフトウエアについても、本ソフトウエアと同等の範囲で免責されます。

（8）第8項

改変ソフトウエアを更に改変等したソフトウエアについても、改変ソフトウエアとして本条が適用されます。確認的な記載です。

第12条（本ソフトウエアの修正）

> 乙は、本ソフトウエアについての瑕疵（本関連資料については誤記を含む。）を発見した場合、甲にその旨を通知しなければならない。甲は、当該情報を基に、本ソフトウエアを修正することができる。以下、甲が本ソフトウエアを修正したものを「本ソフトウエアの修正版」という。
>
> 2　前項の規定は、甲が本ソフトウエアの修正版を提供する義務を負うものと解釈されるものではなく、甲は任意で本ソフトウエアの修正版を乙に提供することができる。

本条は、本ソフトウエアの修正を定めています。

（1）第1項

乙は、瑕疵（ソフトウエア業界では「バグ」とも呼ばれます。）を発見した場合、甲に通知しなければなりません。甲が本ソフトウエアを修正できるようにするためです。また、研究者からも瑕疵については報告してほしい、との要望が多いです。甲は、乙の通知を基に、本ソフトウエアを修正できます。

(2) 第2項

甲は、前項の通知を受けたからといって、修正する義務を負いません。あくまで、甲の任意の行為です。本項がない場合、「瑕疵の情報を提供したのだから修正するのが当然だ」と、強く要求される可能性があります。

第13条（最新の本ソフトウエアの使用）

> 乙は、前条に基づき甲から本ソフトウエアの修正版の提供を受けた場合又は甲が自発的に本ソフトウエアを修正若しくは改変等したものの提供を受けた場合、これら最新の本ソフトウエア（以下「本ソフトウエアの最新版」という。）を使用することができる。
> ２　第３条の規定は、本ソフトウエアの最新版の提供に準用する。
> ３　本ソフトウエアの最新版は、本契約において、本ソフトウエアとして取り扱われるものとする。

本条は、最新の本ソフトウエアの使用を定めています。最新の本ソフトウエアとは、前条に基づき修正した本ソフトウエアや、甲が自発的に修正等をして乙に提供した本ソフトウエアをいいます。以下、第１項で「本ソフトウエアの最新版」と定義付けています。

(1) 第1項

乙は、本ソフトウエアの最新版を使用することができます。「…使用するものとする」と最新版の使用を義務付ける考え方もありますが、旧バージョンで開発を進めていた場合に新バージョンに変更することは難しい状況もある、との意見から、「…使用することができる」としています。ただし、旧バージョンでは機能や性能を担保できない場合は、新バージョンの使用を義務付けてもよいと思います。

(2) 第2項

本ソフトウエアの最新版の提供方法は、第３条を準用します。つまり、本ソフトウエアの提供方法に倣って提供します。

(3) 第3項

本ソフトウエアの最新版についても、本契約上の本ソフトウエアとして取り扱います。よって、本ソフトウエアの最新版の使用についても本対価を得ることができます。

第14条（甲の商標等の使用禁止）、第15条（第三者への使用許諾）は、解説省略

第16条（契約終了時の義務）

> 乙は、本契約が終了した場合（本契約の解約又は解除を含む。）、速やかに、以下に掲げる処理を行わなければならない。
> （1）本ソフトウエアの使用を中止し（乙又は再使用権者から正当に購入した購入者の本ソフトウエアの使用を除く。）、生産工程中の製品を破棄する。
> （2）第６条に定める最終回の報告書を提出し、本契約終了日までに発生した本対価を支払う。
> （3）残許諾製品について、本契約終了時に残許諾製品が販売されたと仮定して本対価を算出し、前号の本対価と合算して支払期限までに支払う。この場合、乙は、本契約終了後１年間に限り、残許諾製品を販売することができる。
> （4）本ソフトウエア及び本技術情報を、甲に返還又は甲が指示する方法にて破棄し、装置等にインストールした本プログラムについては、再現不可能な状態でアンインストール又は削除する。また、甲が要求した場合、破棄等の証明書を甲に提出する。

本条は、契約終了時の乙の義務を定めています。

本契約の終了には、本契約が解約・解除された場合が含まれます。括弧書は確認的な記載であり、括弧書がなくとも、解約・解除された場合は含まれると解釈されます。

（1）第1号

乙は、本契約の終了により使用許諾がなくなるため、当然に本ソフトウエアの使用を中止しなければなりません。また、生産工程中の製品は、それ以降の使用ができないため破棄することになります（乙から「生産工程中の製品を破棄することは難しい」と言われた場合は、第８章の特許実施許諾契約の14条を参考にしてください。）。なお、本ソフトウエアの購入者が継続的に本ソフトウエアを使用できることは当然のことです。

（2）第2号

乙は、最終回の報告書を提出し、本対価を支払います。

（3）第3号

残許諾製品について、本契約終了時の許諾製品の販売価格で計算して本対価を支払います。この場合、契約終了後であっても１年間は、残許諾製品を販売できます。

残許諾製品の販売期間を１年間に限定している理由は次のとおりです。

本来であれば、残許諾製品については対価を支払っているため、販売期間を限定する必要はありません。しかしながら、本契約終了後に販売されている製品が、対価を精算した残許諾製品なのか、違法に生産した製品なのかを区別することは困難です。よって、契約終了後１年間に販売されている製品は残許諾製品と捉え、権利行使を行わないものとし、１年間を過ぎても販売している製品は違法製品と捉え、権利行使を行うものとします。乙から「１年間で売り切るのは難しい」と言われた場合は、“１年間”を妥当な期間に変更してください。

（4）第4号

本ソフトウエア及び本技術情報を、甲に返還又は甲の指示する方法で破棄しなければなりません。また、装置等にインストールしたプログラムは、再現不可能な状態でアンインストール又は削除しなければなりません。「再現不可能な状態にする」とは、特殊なソフトウエアを使用しての初期化やハードディスクの破壊等をいいます。

第17条（有効期間）、第18条（解除）、第19条（支配権の変動等）、第20条（存続条項）、第21条（損害賠償）、第22条（通知）、第23条（技術移転機関の利用）、第24条（譲渡等）、第25条（協議）、第26条（準拠法及び裁判管轄）は、解説省略

サンプル契約書

ソフトウエア使用許諾契約書

●●（以下「甲」という。）と■■（以下「乙」という。）は、甲が本ソフトウエアの使用を乙に許諾するに当たり、次のとおり契約（以下「本契約」という。）を締結する。

（定義）

第１条　本契約において、以下に掲げる用語の意義は、当該各号に定めるところによる。

（１）「本ソフトウエア」とは、別紙１に記載の本プログラム及び本関連資料をいう。また、本プログラム及び本関連資料をそれぞれ、「本プログラム」「本関連資料」という。

（２）「本技術情報」とは、甲が乙に秘密の旨を明示して開示又は提供した、本ソフトウエアに関連する技術的な情報をいう。なお、口頭等で情報を開示した場合には、開示時に秘密の旨を告げ、開示日から30日以内に書面にて特定した情報とする。

（３）「残許諾製品」とは、本契約終了時に第４条の本対価が精算されていない許諾製品（生産工程中にあるものではなく、製品として完成している物。主に在庫や流通中の物）をいう。

２　別紙２の項目表第２項の記載について、以下に掲げる用語の意義は、当該各号に定めるところによる。

（１）「許諾製品」とは、本ソフトウエアを使用できる製品をいう。

（２）「許諾用途」とは、本ソフトウエアを使用できる用途をいう。

（３）「許諾場所」とは、本ソフトウエアを使用できる場所をいう。

（４）「その他制限」とは、「許諾製品」「許諾用途」及び「許諾場所」以外の本ソフトウエアを使用する上での制限をいう。

（５）「許諾期間」とは、本ソフトウエアを使用できる期間をいう。当該期間が使用許諾期間となる。

（６）「独占／非独占」とは、本ソフトウエアを独占的に使用できるか否かをいう。なお、「本ソフトウエアを独占的に使用できる」とは、次条に定める本使用権と同一範囲について、甲は乙以外の第三者に本ソフトウエアの使用を許諾しないことを意味する。

（使用許諾）

第２条　甲は、乙に対し、本ソフトウエアについて、別紙２の項目表第２項に定める範囲の使用を許諾する（以下「本使用権」という。）。

2　乙は、本使用権の行使（第15条に定める場合を含む。）を除き、本ソフトウエアを第三者に提供又は貸与してはならない。

3　乙は、本使用権の範囲内で本ソフトウエアを複製して使用できる。なお、当該複製物についても、本契約上の本ソフトウエアとして取り扱う。

4　乙は、本プログラムがオブジェクトコード形式で提供された場合、本プログラムを逆コンパイル、逆アセンブル等のリバースエンジニアリングにより解析してはならない。

5　乙は、本プログラムを他のプログラムと結合若しくは連結又は他のプログラムに組み込む場合、本プログラムと当該他のプログラムを区別又は分離できるよう行わなければならない。

6　乙は、本プログラムをオープンソースソフトウエアと関連付ける場合（本プログラムを改変しオープンソース化することを含む。）、事前に甲の承諾を得なければならない。

7　甲は、第１項の規定にかかわらず、いかなる場合も教育研究目的のために本ソフトウエアを自ら使用できる。

（本ソフトウエアの提供）

第３条　甲は、CD-ROM等の記録媒体又はインターネット等の電気通信回線にて、本ソフトウエアを乙に提供しなければならない。ただし、本関連資料については紙等の媒体にて提供できる。

2　甲は、別紙２の項目表第４項の形式にて、本プログラムを乙に提供しなければならない。なお、甲は、オブジェクトコード形式での提供であっても、インタプリタ方式で実装されているプログラムについては、ソースコード形式にて提供しなければならない。

3　乙は、本ソフトウエアを受理後10日（以下「確認期間」という。）以内に本ソフトウエアの不足等を確認し、これらの事項を発見した場合甲に通知しなければならない。甲は、通知を受けた場合、新たな本ソフトウエアを提供しなければならない。なお、乙が確認期間内に何らの通知も行わない場合、本ソフトウエアは適切に提供されたものとみなす。

4　乙は、本ソフトウエアの提供後においても、本ソフトウエアに係る全ての権利は甲又は本ソフトウエアの権利者に留保されることを了承する。

（対価）

第４条　乙は、本使用権の対価（以下「本対価」という。）として、別紙２の項目表第６項に定める額を支払う。

2　乙は、本ソフトウエアを使用した許諾製品の売上高が円以外の通貨の場合、該当する対象期間の乙の最終営業日における三菱ＵＦＪ銀行の対顧客電信為替売相場（ＴＴＳ）を用いて円換算し、本対価を支払う。

（支払）

第５条　甲は、本契約締結後、本対価の①契約一時金に関する請求書を発行する。

2　甲は、次条に定める報告書について疑義がない場合、本対価の②ランニングロイヤリティに関する請求書を発行する。

3　乙は、請求書受理後、以下に掲げる事項に従い本対価を支払わなければならない。

（１）甲の請求書発行日から起算して30日（当該日が土、日又は祝日に該当する場合は翌営業日までとする。以下「支払期限」という。）以内に支払う。

（２）本対価に消費税及び地方消費税を加算した額を支払う。

（３）全額を一括払にて支払う。

（４）甲の指定する銀行口座への振り込みにて支払う。

（５）乙にて振込手数料を負担する。

4　乙は、支払期限までに本対価の支払を行わない場合、支払期限の翌日から支払日までの日数に応じ、その未払額に年３％の割合で計算した延滞金を遅延損害金として支払わなければならない。

5　甲は、支払済みの本対価について、理由のいかんを問わず乙に返還する義務を負わない。

（報告及び監査）

第６条　乙は、別紙２の項目表第７項の対象期間ごとに、別紙３の様式の報告書（以下「報告書」という。）を、報告書提出期限までに甲に提出しなければならない。

2　乙は、最終回の報告書において、残許諾製品について併せて記載しなければならない。
3　乙は、本対価の支払がない場合も、その旨を報告書として作成し、報告書提出期限までに甲に提出しなければならない。
4　甲は、報告書の内容について疑義が生じた場合、乙に問い合わせることができ、乙は、問合せについて回答しなければならない。
5　甲は、報告書以外においても、必要に応じて随時、本ソフトウエアの使用（使用の予定を含む。）について乙に報告を求めることができ、乙は甲の求める事項について報告しなければならない。
6　甲は、自己の負担により、乙の事業場に甲の職員及び甲の指定する公認会計士等の代理人を派遣し、報告書の基礎となった証票、会計記録及び帳簿等（以下「帳簿等」という。）を調査（帳簿等を複製し調査することを含む。）することができ、乙は正当な理由なくこれを拒むことはできない。また、乙は、帳簿等を、作成した年度（当年４月１日から翌年３月末日までを１年度とする。）の翌年度から●年間保存しなければならない。
7　前項の調査の結果、本対価として支払われた金額が本来支払われるべき金額より●%を超えて過小であったことが判明した場合、前項の調査に要した費用は乙が負担しなければならない。

（権利侵害への対応）
第７条　乙は、本ソフトウエアを侵害する者又は侵害するおそれがある者を発見した場合、直ちに甲に書面で通知しなければならない。この場合において、乙は、侵害又は侵害のおそれの根拠となる資料を併せて甲に提示するものとする。
2　甲は、前項の通知を受けた場合、本ソフトウエアに基づく権利を行使するか否かを独自に決定することができる。なお、甲は、権利を行使しないことについて、乙に対しいかなる責任も負わない。
3　乙は、前項において甲が権利を行使することを決定した場合、当該権利行使に協力するものとする。
4　本使用権が独占であって、第２項において甲が権利を行使しないことを決定した場合、乙は、自己の負担と責任において単独で権利行使することを希望できる。
5　甲は、乙が前項の権利行使を希望した場合、適用される法律で認められる範囲内で乙が単独で権利を行使できるよう必要な対処を行わなければならない。

6　甲は、前項に基づき乙が権利行使した場合、いつでも権利行使の状況の報告を要求でき、乙は、速やかにこれに応じなければならない。

(非保証及び免責)

第８条　乙は、本ソフトウエアは研究の過程において又は結果として得られたものであるため、安全性、正確性及び技術的な性能等について十分な確証が得られていないことを了承する。

2　甲は、乙に対し、本ソフトウエアについて、以下に掲げる事項を含むいかなる事項についても保証しない。

（1）知的財産権を含む第三者の権利を侵害しないこと

（2）本ソフトウエアが技術的又は商業的に有用であること

（3）乙が選択した機械若しくは装置又はプログラムの組合せにおいて、本ソフトウエアが正しく稼働すること

3　甲は、乙の本ソフトウエアの使用により生じたいかなる事由についても免責される。とりわけ、乙の本ソフトウエアの使用の結果、環境汚染や環境破壊を招いた場合、製造物責任を問われた場合、第三者に何らかの健康被害を及ぼした場合、その他第三者から何らかの請求を受けた場合又は第三者との間で紛争が生じた場合、乙は、自己の負担と責任において解決しなければならず、甲に負担又は損害を及ぼさないよう保護しなければならない。

(法令遵守)

第９条　乙は、本ソフトウエアの使用について、自己の責任において、全ての関連する法令を遵守しなければならない。

(秘密保持)

第10条　乙は、本ソフトウエア及び本技術情報（以下「秘密情報」という。）について、甲の事前の書面による承諾なく第三者に開示又は提供してはならず、善良なる管理者の注意をもって管理しなければならない。また、本契約の履行以外の目的で秘密情報を使用してはならない。ただし、以下に掲げる事項のいずれかに該当するものについてはこの限りではない。

（1）知得時点で既に公知であったもの

（2）乙の責によらず公知となったもの

（3）知得時点で既に乙が正当に保有し、かつ、その事実を証明できるもの

（4）乙が正当な権利を有する第三者より秘密保持義務を負うことなく開示されたもので、その事実を証明できるもの

（5）秘密情報によることなく乙が独自に開発したもの

2　乙は、法令又は規則等に基づき裁判所又は監督官庁等から秘密情報の開示を要求された場合、事前に甲に通知した上で、必要最小限の情報に限り開示することができる。

（本ソフトウエアの改変等）

第11条　乙は、別紙２の項目表第５項に定める改変等が可の場合、本ソフトウエアを改変、改良又は翻案（以下「改変等」という。）することができる。なお、乙は、別紙２の項目表第５項に定める改変等が不可の場合であっても、著作権法第20条第２項第３号に定める改変については行うことができる。

2　乙は、前項の本ソフトウエアの改変等により生じたソフトウエア（以下「改変ソフトウエア」という。）について、甲に通知しなければならない。

3　改変ソフトウエアの全ての権利は、甲乙共有とし、持分は均等とする。この場合であっても、本ソフトウエアに係る権利は、第３条第４項の定めのとおり、甲又は本ソフトウエアの権利者に留保される。

4　乙は、本契約の有効期間中、改変ソフトウエアを本使用権の範囲内にて使用することができ、その他の用途に改変ソフトウエアを使用してはならない。なお、改変ソフトウエアの使用についても、第４条の本対価を支払う対象とする。

5　甲及び乙は、本契約の終了時、本契約の終了後の改変ソフトウエアの使用条件について、協議し決定する。

6　甲は、前項の定めにかかわらず、本契約の終了後においても、教育研究目的のために改変ソフトウエアを使用することができる。なお、乙は、改変ソフトウエアについて、甲及び甲が指定する者に対し、著作者人格権を行使しないものとし、自己が著作者でない場合には、著作者に対し著作者人格権を行使しないよう措置しなければならない。

7　乙は、改変ソフトウエアについても、第８条に定める範囲と同等の範囲で甲が免責されることを了承する。

8　本条は、改変ソフトウエアを更に改変等したソフトウエアについても適用する。

（本ソフトウエアの修正）

第12条　乙は、本ソフトウエアについての瑕疵（本関連資料については誤記を含

む。）を発見した場合、甲にその旨を通知しなければならない。甲は、当該情報を基に、本ソフトウエアを修正することができる。以下、甲が本ソフトウエアを修正したものを「本ソフトウエアの修正版」という。

2　前項の規定は、甲が本ソフトウエアの修正版を提供する義務を負うものと解釈されるものではなく、甲は任意で本ソフトウエアの修正版を乙に提供することができる。

(最新の本ソフトウエアの使用)

第13条　乙は、前条に基づき甲から本ソフトウエアの修正版の提供を受けた場合又は甲が自発的に本ソフトウエアを修正若しくは改変等したものの提供を受けた場合、これら最新の本ソフトウエア（以下「本ソフトウエアの最新版」という。）を使用することができる。

2　第３条の規定は、本ソフトウエアの最新版の提供に準用する。

3　本ソフトウエアの最新版は、本契約において、本ソフトウエアとして取り扱われるものとする。

(甲の商標等の使用禁止)

第14条　乙は、甲の事前の書面による承諾を得た場合を除き、甲の商標等（甲の名称、商標、マーク、デザイン、その他直接又は間接的に甲を想起させると甲が判断する表示をいう。）を、許諾製品に使用（宣伝・広告活動において使用することを含む。）してはならない。

(第三者への使用許諾)

第15条　乙は、別紙２の項目表第３項に定める再使用許諾が可の場合、本使用権に基づき、第三者に本ソフトウエアの使用を許諾（以下「再使用許諾」という。）することができる（以下、再使用許諾を受けた第三者を「再使用権者」という。）。

2　乙は、再使用権者の候補が生じた時点でその旨を甲に通知し、再使用許諾に対する甲への対価の額を、甲と協議し決定しなければならない。かかる協議が整わない場合、乙は、前項にかかわらず、再使用許諾を行うことができない。

3　乙は、再使用許諾を行う場合、再使用権者と再使用に関する契約（以下「再使用許諾契約」という。）を締結し、再使用許諾契約にて再使用権者に以下に掲げる事項を遵守させなければならない。また、乙は、甲に対し、再使用権者の履行について責任を負わなければならない。

（1）再使用権者は、本契約において乙が負う義務と同等の義務を負担し、これを履行すること
　ただし、乙が再使用権者を代理して履行することを妨げるものではない。
（2）本契約において甲が免責される事項について、甲を免責すること
（3）本ソフトウエアの使用により生ずる結果について、乙又は再使用権者が一切の責任を負うこと
（4）再使用権者が作成した改変ソフトウエアについて、甲が教育研究目的のために当該改変ソフトウエアを使用することができ、著作者人格権が行使されないように担保すること

4　乙は、再使用許諾に対する甲への対価について、乙の負担と責任において徴収し、本対価と合算して甲に支払わなければならない。ただし、甲が合意した場合、支払について乙が責任を負うことを条件に再使用権者から甲に直接支払わせることができる。

5　乙は、再使用許諾に対する甲への対価に関する報告書を、本対価に関する分と併せて第6条に従い甲に提出しなければならない。

（契約終了時の義務）

第16条　乙は、本契約が終了した場合（本契約の解約又は解除を含む。）、速やかに、以下に掲げる処理を行わなければならない。
（1）本ソフトウエアの使用を中止し（乙又は再使用権者から正当に購入した購入者の本ソフトウエアの使用を除く。）、生産工程中の製品を破棄する。
（2）第6条に定める最終回の報告書を提出し、本契約終了日までに発生した本対価を支払う。
（3）残許諾製品について、本契約終了時に残許諾製品が販売されたと仮定して本対価を算出し、前号の本対価と合算して支払期限までに支払う。この場合、乙は、本契約終了後1年間に限り、残許諾製品を販売することができる。
（4）本ソフトウエア及び本技術情報を、甲に返還又は甲が指示する方法にて破棄し、装置等にインストールした本プログラムについては、再現不可能な状態でアンインストール又は削除する。また、甲が要求した場合、破棄等の証明書を甲に提出する。

（有効期間）

第17条　本契約の有効期間は、許諾期間と同一の期間とする。

（解除）

第18条　甲及び乙は、相手方が本契約の定めに違反した場合、30日の期間をもって是正を催告し、相手方が当該期間内に違反を是正できない場合、その後直ちに本契約を解除することができる。

2　前項の定めは、本契約を解除した結果生ずる損害の賠償請求を妨げるものではない。

3　甲は、乙が次の各号のいずれかに該当した場合、乙に対し何らの責任を負うことなく、かつ、何らの催告を要することなく、直ちに本契約を解除することができる。

（１）破産手続、民事再生手続、会社更生手続又は特別清算手続の開始の申立てをなした場合又は申立てを受けた場合

（２）手形又は小切手が不渡りになった場合

（３）租税滞納処分を受けた場合

（４）差押え、仮差押え、仮処分又は競売の申立てを受けた場合

（５）解散を決議した場合

（６）監督官庁より営業の取消し又は停止等の処分を受けた場合

（７）前各号のほか、財務状態若しくは信用状態が悪化した場合又はそのおそれがあると甲が判断した場合

（８）法令に違反した場合又は公序良俗に反する行為を行った場合

（９）甲の信用を毀損した場合又はそのおそれがあると甲が判断した場合

（10）その他本契約を継続しがたい重大な事由が生じた場合

4　乙は、前項各号（第９号を除く。）に定める事由が生じた場合、直ちにその旨を甲に通知しなければならない。

（支配権の変動等）

第19条　乙は、合併、株式移転、株式交換若しくは乙の株主の全議決権の２分の１を超えて変動するなど乙の支配権に変動が生ずる場合、又は本ソフトウエアの使用に関連する事業が譲渡される場合、事前に書面にてその旨及び変動先又は譲渡先を甲に通知する。甲は、乙が本契約に定める権利義務を引き継がせることを条件に、前述の支配権の変動又は事業譲渡に伴う本使用権の使用権者の地位の移転を認めるものとする。ただし、甲は、国又は地方公共団体の指示、要望、方針又は施策等により、当該支配権の変動又は事業譲渡に伴う本使用権の使用権者の地位の移転が適当でないと自己が判断した場合、当該支配権の変

動時又は事業譲渡時をもって乙に対し何らの責任を負うことなく本契約を解除することができる。

（存続条項）

第20条　本契約が終了した場合においても、第10条については本契約終了後３年間、第５条、第６条、第８条、第11条第５項乃至第８項、第14条、第15条第３項乃至第５項、第16条、第24条及び第26条の規定は、当該条項が定める期間又は各条項の目的とする事項が消滅するまで有効に存続する。

（損害賠償）

第21条　甲及び乙は、故意又は過失により相手方に損害を与えた場合、相手方に生じた損害を賠償する責を負う。

（通知）

第22条　本契約に基づく各種通知は、別紙２の項目表第８項に定める通知先に対して書面により行うものとする。ただし、相手方が認めた場合、電子メール等の手段により通知を行うことができる。

２　甲及び乙は、前項に定める通知先が変更となる場合、速やかに相手方に変更後の通知先を連絡しなければならない。

（技術移転機関の利用）

第23条　甲は、自己が指定する技術移転機関に対し、本契約に基づく自己の業務を委託することができる。

（譲渡等）

第24条　乙は、本契約に別途定めがない限り、本契約上の地位及び本契約によって生じた権利義務の全部又は一部を、甲の事前の書面による承諾なく、第三者に譲渡し又は担保に供してはならない。

（協議）

第25条　甲及び乙は、本契約に定めのない事項又は本契約の解釈について疑義が生じた場合、法令の規定に従うほか、誠意をもって協議し解決を図る。

（準拠法及び裁判管轄）
第26条　本契約の準拠法は日本国法とする。
2　甲及び乙は、被告の所在地を管轄する地方裁判所を、本契約に関する紛争の第一審の専属的合意管轄裁判所とする。

本契約の締結を証するため、本書２通を作成し、甲乙それぞれ記名押印の上、各１通を保管する。

○○年○○月○○日

（甲）
（乙）

別紙１：本ソフトウエア

（1）本プログラム

（2）本関連資料（プログラム仕様書・説明書、マニュアル、データ、その他関連する資料）

別紙2

項目表

<table>
<tr><td>1．本ソフトウエア</td><td colspan="2">別紙1に記載</td></tr>
<tr><td rowspan="6">2．許諾範囲</td><td>許諾製品</td><td>□特定（【製品を記入】）
□特定しない（全ての製品）</td></tr>
<tr><td>許諾用途</td><td>●●・・・（【「●●サービスの提供」「●●の生産及び販売」など本ソフトウエアの用途を記入】）</td></tr>
<tr><td>許諾場所</td><td>□限定（【「日本国内」「企業内限定」などを記入】）
□限定なし</td></tr>
<tr><td>その他制限</td><td>□有（【PCの台数制限、ID数の制限などがあれば記入】）
□無</td></tr>
<tr><td>許諾期間</td><td>本契約締結日から●年間</td></tr>
<tr><td>独占／非独占</td><td>□独占　□非独占</td></tr>
<tr><td>3．再使用許諾（サブライセンス）の可否</td><td colspan="2">□可
□不可</td></tr>
<tr><td>4．本プログラムの提供形式</td><td colspan="2">□ソースコード形式
□オブジェクト（バイナリ）コード形式</td></tr>
<tr><td>5．改変等の可否</td><td colspan="2">□可
□不可</td></tr>
<tr><td>6．本対価</td><td colspan="2">①契約一時金：●●円
②ランニングロイヤリティ：本ソフトウエアを使用した許諾製品の売上高×●●%</td></tr>
<tr><td>7．報告書</td><td colspan="2"><table><tr><td></td><td>対象期間</td><td>報告書提出期限</td></tr><tr><td>初回</td><td>本契約締結日～直近の3月31日</td><td>直近の4月30日</td></tr></table></td></tr>
</table>

	2回目以降	当年4月1日～ 翌年3月31日	翌年4月30日
	最終回	当年4月1日～ 本契約終了日	本契約終了日の翌日 から起算し30日以内
8．通知先	甲： 乙：		

別紙3

報告書

●年●月●日

●●大学
学長　様

住所：
法人名：
代表者：　　　　　　　　　印

ソフトウエア使用許諾契約（○年○月○日締結）第6条第1項に基づき、本対価について次のとおり報告します。

記

1．報告対象期間　　●年●月●日 ～ ●年●月●日

２．使用状況

許諾製品名	販売数量（個）	単価（円）	売上高（円）
計			

３．本対価（第４条第１項）

（１）ランニングロイヤリティ：売上高×●%＝　　　　　円

（２）消費税相当額：（１）×10%＝　　　　円

（３）合計（支払額）：（１）＋（２）＝　　　　円

４．担当者（本報告書の照会先）

住所：

担当部署：

氏名：

TEL：

e-mail：

５．その他

・「再使用許諾に対する甲への対価」がある場合、これについても記載する（第15条第５項）。

・最終回は、残許諾製品を追記する（第６条第２項）。

以上

3　Q&A

Q1：ソースコードとオブジェクトコードについて教えてください。

A1：

ソースコード

人間が読めるプログラム言語で書かれたコンピュータ命令の集合体です。構文が英語と似ています。何が書かれており、どのような処理が行われるか人間が理解できます。ただし、コンピュータはソースコードを理解できません。

オブジェクトコード

ソースコードをコンピュータが理解できる形式に変換（コンパイル）したもので、0と1の二進数で書かれており、人間は内容を理解できません。

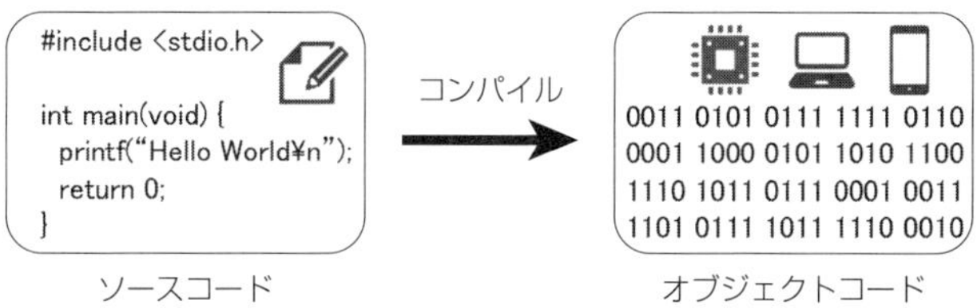

出典：CodeAid-Lab ホームページ

コンピュータでプログラムを動作させる場合、ソースコードのプログラムをコンパイラでコンパイルし、オブジェクトコードに変換します。これで、コンピュータが理解できるプログラムになります。通常は、オブジェクトコードと一緒に使用するライブラリ等をリンカで連結し、実行プログラム（EXEファイル）にして使用します。

ソースコードで提供した場合、内容が全て開示されるので、プログラムの内容を開示したくない場合は、オブジェクトコードで提供します。ただし、オブジェクトコードで提供すると、ライセンシーは一切改変等できません。産学連携では、大学等が作成したプログラムを商業用にはそのまま使用できず、ライセンシーである企業が改変等する必要があることが多いです。そのため、ソースコードで提供し、改変等を認めることが多いようです。

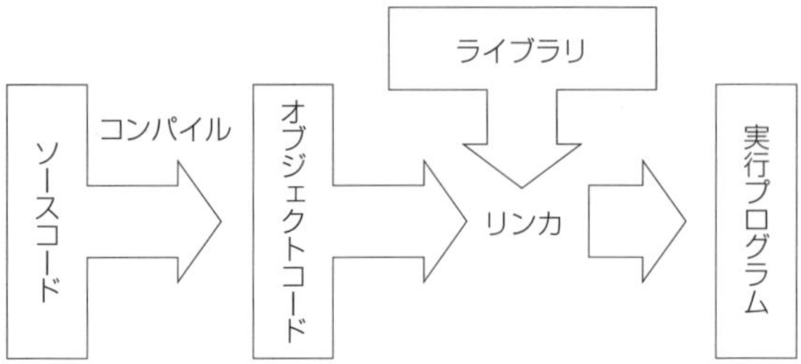

4　関連契約

(1) ノウハウ使用許諾契約

ノウハウ使用許諾契約とは、ノウハウを開示し、使用を許諾する契約です（サンプル契約書を参照）。

ノウハウ使用許諾契約

ここでいうノウハウとは、技術的に有益な情報であって秘密に管理されている情報と考えられています。ノウハウの価値は、秘密に管理（秘匿）されているところにあり、公知になった時点で消滅します。ノウハウの使用希望者（ライセンシー）は、ノウハウの使用許諾を受けることで、ノウハウの提供者（ライセンサー）しか知り得ないノウハウの開示を受け、使用することができます。

ノウハウの使用許諾にも、独占と非独占があります。独占的使用許諾とは、特定の1者のみにノウハウを開示することです。また、許諾範囲を分けることで、特定の複数者に開示することもあります。非独占的使用許諾とは、特定の複数者にノウハウを開示します。非独占であっても、特定の複数者のみノウハウを知っておりその他の者は知らないことに価値があるので、公知にしてよいわけではありません。

サンプル契約書

ノウハウ使用許諾契約書

●●（以下「甲」という。）と■■（以下「乙」という。）は、甲が本ノウハウの使用を乙に許諾するに当たり、次のとおり契約（以下「本契約」という。）を締結する。

（定義）

第1条　本契約において、以下に掲げる用語の意義は、当該各号に定めるところによる。

（1）「本ノウハウ」とは、別紙1の記載により特定される情報をいう。

（2）「本技術情報」とは、甲が乙に秘密の旨を明示して開示又は提供した、本ノウハウに関連する技術的な情報をいう。なお、口頭等で情報を開示した場合には、開示時に秘密の旨を告げ、開示日から30日以内に書面にて特定した情報とする。

（3）「残許諾製品」とは、本契約終了時に第4条の本対価が精算されていない許諾製品（生産工程中にあるものではなく、製品として完成している物。主に在庫や流通中の物）をいう。

2　別紙2の項目表第2項の記載について、以下に掲げる用語の意義は、当該各号に定めるところによる。
（1）「許諾製品」とは、本ノウハウを使用できる製品をいう。
（2）「許諾用途」とは、本ノウハウを使用できる用途をいう。
（3）「許諾場所」とは、本ノウハウを使用できる場所をいう。
（4）「その他制限」とは、「許諾製品」「許諾用途」及び「許諾場所」以外の本ノウハウを使用する上での制限をいう。
（5）「許諾期間」とは、本ノウハウを使用できる期間をいう。当該期間が使用許諾期間となる。
（6）「独占／非独占」とは、本ノウハウを独占的に使用できるか否かをいう。なお、「本ノウハウを独占的に使用できる」とは、次条に定める本使用権と同一範囲について、甲は乙以外の第三者に本ノウハウの使用を許諾しないことを意味する。

（使用許諾）
第2条　甲は、乙に対し、本ノウハウについて、別紙2の項目表第2項に定める範囲の使用を許諾する（以下「本使用権」という。）。
2　甲は、前項の規定にかかわらず、いかなる場合も教育研究目的のために本ノウハウを自ら使用できる。

（本ノウハウの開示）
第3条　甲は、電子媒体又は紙等の媒体にて、本ノウハウを乙に開示しなければならない。
2　乙は、本ノウハウの開示後10日（以下「確認期間」という。）以内に本ノウハウの不足等を確認し、これらの事項を発見した場合甲に通知しなければならない。甲は、通知を受けた場合、新たに本ノウハウを開示しなければならない。なお、乙が確認期間内に何らの通知も行わない場合、本ノウハウは適切に開示されたものとみなす。
3　乙は、本ノウハウの開示後においても、本ノウハウにかかる全ての権利は甲又は本ノウハウの権利者に留保されることを了承する。

（対価）
第4条　乙は、本使用権の対価（以下「本対価」という。）として、別紙2の項目表第５項に定める額を支払う。

2　乙は、本ノウハウを使用した許諾製品の売上高が円以外の通貨の場合、該当する対象期間の乙の最終営業日における三菱UFJ銀行の対顧客電信為替売相場（TTS）を用いて円換算し、本対価を支払う。

（支払）

第５条　甲は、本契約締結後、本対価の①契約一時金に関する請求書を発行する。

2　甲は、次条に定める報告書について疑義がない場合、本対価の②ランニングロイヤリティに関する請求書を発行する。

3　乙は、請求書受理後、以下に掲げる事項に従い本対価を支払わなければならない。

（1）甲の請求書発行日から起算して30日（当該日が土、日又は祝日に該当する場合は翌営業日までとする。以下「支払期限」という。）以内に支払う。

（2）本対価に消費税及び地方消費税を加算した額を支払う。

（3）全額を一括払にて支払う。

（4）甲の指定する銀行口座への振り込みにて支払う。

（5）乙にて振込手数料を負担する。

4　乙は、支払期限までに本対価の支払を行わない場合、支払期限の翌日から支払日までの日数に応じ、その未払額に年３％の割合で計算した延滞金を遅延損害金として支払わなければならない。

5　甲は、支払済みの本対価について、理由のいかんを問わず乙に返還する義務を負わない。

（報告及び監査）

第６条　乙は、別紙２の項目表第６項の対象期間ごとに、別紙３の様式の報告書（以下「報告書」という。）を、報告書提出期限までに甲に提出しなければならない。

2　乙は、最終回の報告書において、残許諾製品について併せて記載しなければならない。

3　乙は、本対価の支払がない場合も、その旨を報告書として作成し、報告書提出期限までに甲に提出しなければならない。

4　甲は、報告書の内容について疑義が生じた場合、乙に問い合わせることができ、乙は、問合せについて回答しなければならない。

5　甲は、報告書以外においても、必要に応じて随時、本ノウハウの使用（使用の予定を含む。）について乙に報告を求めることができ、乙は甲の求める事項について報告しなければならない。

6　甲は、自己の負担により、乙の事業場に甲の職員及び甲の指定する公認会計士等の代理人を派遣し、報告書の基礎となった証票、会計記録及び帳簿等（以下「帳簿等」という。）を調査（帳簿等を複製し調査することを含む。）することができ、乙は正当な理由なくこれを拒むことはできない。また、乙は、帳簿等を、作成した年度（当年4月1日から翌年3月末日までを1年度とする。）の翌年度から●年間保存しなければならない。

7　前項の調査の結果、本対価として支払われた金額が本来支払われるべき金額より●%を超えて過小であったことが判明した場合、前項の調査に要した費用は乙が負担しなければならない。

（非保証及び免責）

第7条　乙は、本ノウハウは研究の過程において又は結果として得られたものであるため、安全性、正確性及び技術的な性能等について十分な確証が得られていないことを了承する。

2　甲は、乙に対し、本ノウハウについて、以下に掲げる事項を含むいかなる事項についても保証しない。

（1）知的財産権を含む第三者の権利を侵害しないこと

（2）本ノウハウが技術的又は商業的に有用であること

3　甲は、乙の本ノウハウの使用により生じたいかなる事由についても免責される。とりわけ、乙の本ノウハウの使用の結果、環境汚染や環境破壊を招いた場合、製造物責任を問われた場合、第三者に何らかの健康被害を及ぼした場合、その他第三者から何らかの請求を受けた場合又は第三者との間で紛争が生じた場合、乙は、自己の負担と責任において解決しなければならず、甲に負担又は損害を及ぼさないよう保護しなければならない。

4　甲は、本ノウハウについて、乙に開示時に秘匿性を有していた部分についてその後秘匿性が喪失した場合であっても、秘匿性の喪失の理由によらず一切の責任を負わない。ただし、本ノウハウの全ての部分が秘匿性を喪失した場合、乙は、本契約を解約することができる。

（法令遵守）

第8条　乙は、本ノウハウの使用について、自己の責任において、全ての関連する法令を遵守しなければならない。

（秘密保持）

第９条　乙は、本ノウハウ及び本技術情報（以下「秘密情報」という。）について、甲の事前の書面による承諾なく第三者に開示又は提供してはならず、善良なる管理者の注意をもって管理しなければならない。また、本契約の履行以外の目的で秘密情報を使用してはならない。ただし、以下に掲げる事項のいずれかに該当するものについてはこの限りではない。

（１）知得時点で既に公知であったもの

（２）乙の責によらず公知となったもの

（３）知得時点で既に乙が正当に保有し、かつ、その事実を証明できるもの

（４）乙が正当な権利を有する第三者より秘密保持義務を負うことなく開示されたもので、その事実を証明できるもの

（５）秘密情報によることなく乙が独自に開発したもの

２　乙は、法令又は規則等に基づき裁判所又は監督官庁等から秘密情報の開示を要求された場合、事前に甲に通知した上で、必要最小限の情報に限り開示することができる。

（本ノウハウの改変等）

第10条　乙は、別紙２の項目表第４項に定める改変等が可の場合、本ノウハウを改変又は改良（以下「改変等」という。）することができる。

２　乙は、前項の本ノウハウの改変等により生じたノウハウ（以下「改変ノウハウ」という。）について、甲に通知しなければならない。

３　改変ノウハウの全ての権利は、甲乙共有とし、持分は均等とする。この場合であっても、本ノウハウに係る権利は、第３条第３項の定めのとおり、甲又は本ノウハウの権利者に留保される。

４　乙は、本契約の有効期間中、改変ノウハウを本使用権の範囲内にて使用することができ、その他の用途に改変ノウハウを使用してはならない。なお、改変ノウハウの使用についても、第４条の本対価を支払う対象とする。

５　甲及び乙は、本契約の終了時、本契約の終了後の改変ノウハウの使用条件について、協議し決定する。

６　甲は、前項の定めにかかわらず、本契約の終了後においても、教育研究目的のために改変ノウハウを使用することができる。

7　乙は、改変ノウハウについても、第７条に定める範囲と同等の範囲で甲が免責されることを了承する。
8　本条は、改変ノウハウを更に改変等したノウハウについても適用する。

(本ノウハウの修正)
第11条　乙は、本ノウハウについての瑕疵を発見した場合、甲にその旨を通知しなければならない。甲は、当該情報を基に、本ノウハウを修正できる。以下、甲が本ノウハウを修正したものを「本ノウハウの修正版」という。
2　前項の規定は、甲が本ノウハウの修正版を提供する義務を負うものと解釈されるものではなく、甲は任意で本ノウハウの修正版を乙に提供できる。

(最新の本ノウハウの使用)
第12条　乙は、前条に基づき甲から本ノウハウの修正版の提供を受けた場合又は甲が自発的に本ノウハウを修正若しくは改変等したものの提供を受けた場合、これら最新の本ノウハウ（以下「本ノウハウの最新版」という。）を使用できる。
2　第３条の規定は、本ノウハウの最新版の提供に準用する。
3　本ノウハウの最新版は、本契約において、本ノウハウとして取り扱われるものとする。

(甲の商標等の使用禁止)
第13条　乙は、甲の事前の書面による承諾を得た場合を除き、甲の商標等（甲の名称、商標、マーク、デザイン、その他直接又は間接的に甲を想起させると甲が判断する表示をいう。）を、許諾製品に使用（宣伝・広告活動において使用することを含む。）してはならない。

(第三者への使用許諾)
第14条　乙は、別紙２の項目表第３項に定める再使用許諾が可の場合、本使用権に基づき、第三者に本ノウハウの使用を許諾（以下「再使用許諾」という。）できる（以下、再使用許諾を受けた第三者を「再使用権者」という。）。
2　乙は、再使用権者の候補が生じた時点でその旨を甲に通知し、再使用許諾に対する甲への対価の額を、甲と協議し決定しなければならない。かかる協議が整わない場合、乙は、前項にかかわらず、再使用許諾を行うことができない。
3　乙は、再使用許諾を行う場合、再使用権者と再使用に関する契約（以下「再使用許諾契約」という。）を締結し、再使用許諾契約にて再使用権者に以下に掲げる事項を遵守させなければならない。また、乙は、甲に対し、再使用権者の履行について責任を負わなければならない。

（1）再使用権者は、本契約において乙が負う義務と同等の義務を負担し、これを履行すること
　ただし、乙が再使用権者を代理して履行することを妨げるものではない。

（2）本契約において甲が免責される事項について、甲を免責すること

（3）本ノウハウの使用により生ずる結果について、乙又は再使用権者が一切の責任を負うこと

（4）再使用権者が作成した改変ノウハウについて、甲が教育研究目的のために当該改変ノウハウを使用できること

4　乙は、再使用許諾に対する甲への対価について、乙の負担と責任において徴収し、本対価と合算して甲に支払わなければならない。ただし、甲が合意した場合、支払について乙が責任を負うことを条件に再使用権者から甲に直接支払わせることができる。

5　乙は、再使用許諾に対する甲への対価に関する報告書を、本対価に関する分と併せて第6条に従い甲に提出しなければならない。

（契約終了時の義務）

第15条　乙は、本契約が終了した場合（本契約の解約又は解除を含む。）、速やかに、以下に掲げる処理を行わなければならない。

（1）本ノウハウの使用を中止し、生産工程中の製品を破棄する。

（2）第6条に定める最終回の報告書を提出し、本契約終了日までに発生した本対価を支払う。

（3）残許諾製品について、本契約終了時に残許諾製品が販売されたと仮定して本対価を算出し、前号の本対価と合算して支払期限までに支払う。この場合、乙は、本契約終了後1年間に限り、残許諾製品を販売することができる。

（4）本ノウハウ及び本技術情報を、甲に返還又は甲が指示する方法にて破棄する。また、甲が要求した場合、破棄等の証明書を甲に提出する。

（有効期間）

第16条　本契約の有効期間は、許諾期間と同一の期間とする。

（解除）

第17条　甲及び乙は、相手方が本契約の定めに違反した場合、30日の期間をもって是正を催告し、相手方が当該期間内に違反を是正できない場合、その後直ちに本契約を解除することができる。

2　前項の定めは、本契約を解除した結果生ずる損害の賠償請求を妨げるものではない。

3　甲は、乙が次の各号のいずれかに該当した場合、乙に対し何らの責任を負うことなく、かつ、何らの催告を要することなく、直ちに本契約を解除することができる。

（1）破産手続、民事再生手続、会社更生手続又は特別清算手続の開始の申立てをなした場合又は申立てを受けた場合

（2）手形又は小切手が不渡りになった場合

（3）租税滞納処分を受けた場合

（4）差押え、仮差押え、仮処分又は競売の申立てを受けた場合

（5）解散を決議した場合

（6）監督官庁より営業の取消又は停止等の処分を受けた場合

（7）前各号のほか、財務状態若しくは信用状態が悪化した場合又はそのおそれがあると甲が判断した場合

（8）法令に違反した場合又は公序良俗に反する行為を行った場合

（9）甲の信用を毀損した場合又はそのおそれがあると甲が判断した場合

（10）その他本契約を継続しがたい重大な事由が生じた場合

4　乙は、前項各号（第９号を除く。）に定める事由が生じた場合、直ちにその旨を甲に通知しなければならない。

（支配権の変動等）

第18条　乙は、合併、株式移転、株式交換若しくは乙の株主の全議決権の２分の１を超えて変動するなど乙の支配権に変動が生ずる場合、又は本ノウハウの使用に関連する事業が譲渡される場合、事前に書面にてその旨及び変動先又は譲渡先を甲に通知する。甲は、乙が本契約に定める権利義務を引き継がせることを条件に、前述の支配権の変動又は事業譲渡に伴う本使用権の使用権者の地位の移転を認めるものとする。ただし、甲は、国又は地方公共団体の指示、要望、方針又は施策等により、当該支配権の変動又は事業譲渡に伴う本使用権の使用権者の地位の移転が適当でないと自己が判断した場合、当該支配権の変動時又

は事業譲渡時をもって乙に対し何らの責任を負うことなく本契約を解除することができる。

（存続条項）

第19条　本契約が終了した場合においても、第９条については本契約終了後３年間、第５条、第６条、第７条、第10条第５項乃至第８項、第13条、第14条第３項乃至第５項、第15条、第23条及び第25条の規定は、当該条項が定める期間又は各条項の目的とする事項が消滅するまで有効に存続する。

（損害賠償）

第20条　甲及び乙は、故意又は過失により相手方に損害を与えた場合、相手方に生じた損害を賠償する責を負う。

（通知）

第21条　本契約に基づく各種通知は、別紙２の項目表第７項に定める通知先に対して書面により行うものとする。ただし、相手方が認めた場合、電子メール等の手段により通知を行うことができる。

2　甲及び乙は、前項に定める通知先が変更となる場合、速やかに相手方に変更後の通知先を連絡しなければならない。

（技術移転機関の利用）

第22条　甲は、自己が指定する技術移転機関に対し、本契約に基づく自己の業務を委託することができる。

（譲渡等）

第23条　乙は、本契約に別途定めがない限り、本契約上の地位及び本契約によって生じた権利義務の全部又は一部を、甲の事前の書面による承諾なく、第三者に譲渡し又は担保に供してはならない。

（協議）

第24条　甲及び乙は、本契約に定めのない事項又は本契約の解釈について疑義が生じた場合、法令の規定に従うほか、誠意をもって協議し解決を図る。

（準拠法及び裁判管轄）
第25条　本契約の準拠法は日本国法とする。
2　甲及び乙は、被告の所在地を管轄する地方裁判所を、本契約に関する紛争の第一審の専属的合意管轄裁判所とする。

本契約の締結を証するため、本書２通を作成し、甲乙それぞれ記名押印の上、各１通を保管する。

○○年○○月○○日

（甲）
（乙）

別紙１：本ノウハウ

別紙２

項目表

１．本ノウハウ	別紙１に記載	
２．許諾範囲	許諾製品	□特定（*【製品を記入】*） □特定しない（全ての製品）
	許諾用途	●●・・・（*【「●●サービスの提供」「●●の生産及び販売」など本ノウハウの用途を記入】*）
	許諾場所	□限定（*【「日本国内」「企業内限定」などを記入】*） □限定なし
	その他制限	□有（*【ノウハウを開示していい範囲（従業者名等）の制限などがあれば記入】*） □無

<table>
<tr><td rowspan="2"></td><td>許諾期間</td><td>本契約締結日から●年間</td></tr>
<tr><td>独占／非独占</td><td>□独占　□非独占</td></tr>
<tr><td>3．再使用許諾（サブライセンス）の可否</td><td colspan="2">□可
□不可</td></tr>
<tr><td>4．改変等の可否</td><td colspan="2">□可
□不可</td></tr>
<tr><td>5．本対価</td><td colspan="2">① 契約一時金：●●円
② ランニングロイヤリティ：本ノウハウを使用した許諾製品の売上高×●●%</td></tr>
<tr><td>6．報告書</td><td colspan="2">
<table>
<tr><td></td><td>対象期間</td><td>報告書提出期限</td></tr>
<tr><td>初回</td><td>本契約締結日～
直近の３月31日</td><td>直近の４月30日</td></tr>
<tr><td>２回目以降</td><td>当年４月１日～
翌年３月31日</td><td>翌年４月30日</td></tr>
<tr><td>最終回</td><td>当年４月１日～
本契約終了日</td><td>本契約終了日の翌日から起算し30日以内</td></tr>
</table>
</td></tr>
<tr><td>7．通知先</td><td colspan="2">甲：
乙：</td></tr>
</table>

別紙3

報告書

●年●月●日

●●大学
学長　様

住所：
法人名：
代表者：　　　　　　　　印

ノウハウ使用許諾契約（○年○月○日締結）第6条第1項に基づき、本対価について次のとおり報告します。

記

1．報告対象期間　　●年●月●日 ～ ●年●月●日

2．使用状況

許諾製品名	販売数量（個）	単価（円）	売上高（円）
計			

3．本対価（第4条第1項）
（1）ランニングロイヤリティ：売上高×●%＝　　　　円
（2）消費税相当額：（1）×10%＝　　　　円
（3）合計（支払額）：（1）＋（2）＝　　　　円

4．担当者（本報告書の照会先）
住所：

担当部署：
氏名：
TEL：
e-mail：

5．その他
・「再使用許諾に対する甲への対価」がある場合、これについても記載する（第14条第5項）。
・最終回は、残許諾製品を追記する（第6条第2項）。

以上

コラム6 **囲碁**

私の趣味は囲碁です。父の影響で40歳で始めました。師匠は、父です。

ルールは、①黒石・白石交互に打つ、②自分の石で陣地を作るように打つ、③自分の石で相手の石を囲むと相手の石を取ることができる（取った石は、最後に相手の陣地を埋めることができるので、相手の石を取れば2倍の陣地を作ったのと同じ計算になります。）、④相手より陣地が1つ（碁では1目といいます）でも多ければ勝ち。

このゲーム、その人の性格が出ます。相手より1目でも多ければ勝ちなのですが、つい欲が出て、何十目も多く勝とうとしてしまいます。大勝を目指すには、相手の石を取らなければならないのですが、相手の石を取ろうとすると、逆に自分の石が取られやすくなるのです。本当に強い人は、相手の石を取ることと自分の陣地を作ることのバランス感覚がすばらしく、欲望を自制することができます。一方、素人は、相手の石を取れば陣地が2倍になることに目がくらみ、不必要に相手の石を取りに行き、逆に、相手に自分の石を取られて負けてしまいます。

私も、ゲームに際し、相手の石を取る欲望を抑えながら数目勝ちを目指すのですが、ゲームが始まると、欲に目がくらみ無理に相手の石を取りに行ってしまいます。まだまだ、精神修行が足りません。悟るのはいつになることやら…。

10 データ利用許諾契約

Data License Agreement

第10章 Data License Agreement データ利用許諾契約

1　概要

データ利用許諾契約とは、データに係る権利を有するものが第三者にそのデータの利用を許諾する契約です。

ここで、データは法律上のどのような権利で保護されているのか、が度々問題となります。データは無体物であり、民法の所有権や占有権に基づいてデータに係る権利の有無を定めることはできません。また、不正競争防止法の営業秘密のような知的財産権として保護されることは限定的であり、全てのデータが対象となるわけではありません。

データ利用許諾契約

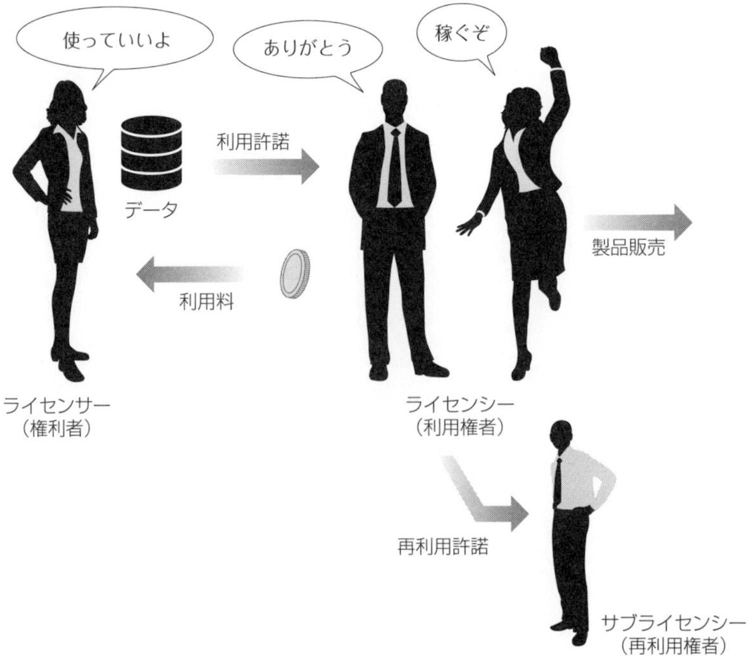

このことから、データの保護は原則として利害関係者間の契約を通じて図られることになります。また、データ特有の事項として、個人情報を含むか否か、データの提供の頻度（継続的に提供することも多い。）が検討事項として挙げられます。さらに、生データを提供すればよいか加工等が必要か、も考える必要があります。

2　重要条文と条文解説

データ利用許諾契約で重要な条文は、下記のとおりです。

(1) 利用許諾

特許実施許諾契約、ソフトウエア使用許諾契約と同様、この契約で一番重要な条文です。利用許諾の範囲や、独占・非独占を決めます。利用許諾の範囲では、許諾製品等の重要な要素を規定します。

(2) 本データの提供

データ特有の性質が現れる条文です。提供の形態（生データか加工データか）、提供の頻度、個人情報の有無等、ほかの契約にはない事項を定めます。また、個人情報の提供がある場合、個人情報保護法も関係します。

(3) 対価

他の契約と同様、「利用許諾」と対をなす条文として重要です。

(4) 派生データの取扱い

データの性質上、加工、分析、編集、統合等により、派生データが生ずることが多々あります。その場合の派生データの帰属や、取扱いを定めます。また、「データの帰属」については法的な定めがないので、別途定義が必要です。

これらを踏まえ、サンプル契約書（pp.263～277）の主要な条文を解説します。第８章の特許実施許諾契約、第９章のソフトウエア使用許諾契約と異なる部分を中心に説明します。

甲がライセンサー（権利者）、乙がライセンシー（利用権者）とします。

サンプル契約書は、次の条項から成り立っています。

第１条　定義
第２条　利用許諾
第３条　本データの提供【重要】
第４条　利用状況の報告等
第５条　本データの管理
第６条　損害軽減義務
第７条　対価
第８条　支払
第９条　報告及び監査
第10条　非保証及び免責
第11条　法令遵守
第12条　秘密保持
第13条　派生データの取扱い【重要】
第14条　本データの修正
第15条　最新の本データの利用
第16条　甲の商標等の使用禁止
第17条　第三者への利用許諾
第18条　契約終了時の義務
第19条　有効期間
第20条　解除
第21条　支配権の変動等
第22条　存続条項
第23条　損害賠償
第24条　通知
第25条　不可抗力条項
第26条　技術移転機関の利用
第27条　譲渡等
第28条　協議
第29条　準拠法及び裁判管轄
別紙１　本データ

別紙２　項目表
別紙３　報告書

第１条（定義）、第２条（利用許諾）は、解説省略

第３条（本データの提供）【重要】

　甲は、別紙２の項目表第４項に定める形態で、本データを乙に提供しなければならない。
2　乙は、本データの受理後10日（以下「確認期間」という。）以内に本データの不足等を確認し、これらの事項を発見した場合甲に通知しなければならない。甲は、通知を受けた場合、新たに本データを提供しなければならない。なお、乙が確認期間内に何らの通知も行わない場合、本データは適切に提供されたものとみなす。
3　乙は、甲が求めた場合、本データの受領書を甲に発行しなければならない。
4　乙は、本データの提供後においても、本データに係る全ての権利は甲又は本データの権利者に留保されることを了承する。
5　甲及び乙は、本データに個人情報保護に関する法律（以下「個人情報保護法」という。）に定める個人情報又は匿名加工情報（以下「個人情報等」という。）を含む場合、以下の各号を遵守しなければならない。
（1）甲は、本データの提供に当たり、個人情報等を含むことを明示しなければならない。
（2）甲は、本データの生成、取得及び提供等について、個人情報保護法に定められている手続を履践していることを保証しなければならない。
（3）乙は、本データについて、個人情報保護法を遵守し、個人情報等の管理に必要な措置を講じなければならない。
（4）乙は、第２条第２項の甲の承諾を得て本データを第三者に提供する場合、乙の負担と責任において個人情報保護法に基づく手続を行わなければならない。
6　甲は、本データの継続的な提供を行わなければならない場合、別紙２の項目表第４項の記載に従い本データを継続的に乙に提供しなければならない。ただし、甲は、継続的な提供が困難になった場合、事前に乙に通知することにより、何ら責任を負うことなく提供を終了することができる。また、本データの継続

的な提供形態及び提供方法は、本条に準ずるものとする。
7　乙は、前項の継続的な提供の提供時期が訪れても甲からの提供がない場合、その旨を甲に通知するものとする。甲は、乙からの通知を受理し当該通知が適切な場合、速やかに本データの継続的な提供を行うものとする。なお、乙は、前述の通知を行った後でしか提供の遅滞について甲に責任を問わないものとする。
8　甲は、乙と協議の上、提供形態及び提供方法を変更することができる。

本条は、本データの提供を定めています。

(1) 第1項

甲は、別紙2の項目表4項で定める形態で本データを提供しなければなりません。そのままのデータ、いわゆる生データ（一次データ）のほか、生データを何らか処理したデータ（二次データ）が考えられます。二次データとして、加工データ、統合データ、補正処理したデータ、正規化データ、タグ付データ等が考えられます。

(2) 第2項

乙は、本データの受理後10日以内に不足や不具合を確認しなければなりません。

甲は、不足等の通知を受けた場合、新たに本データを提供しなければなりません。

確認期間内に乙から何も連絡がない場合、本データが適切に提供されたものとみなします。

(3) 第3項

乙は、甲が要求した場合、受領書を発行しなければなりません。通信手段等にトラブルがなく、適切に受領したことを明確にするためです。

(4) 第4項

本データを乙に提供したからといって、権利を譲渡したとはみなさない（甲又は本データ権利者に権利は留保される。）ことを記載しています。本項がなくとも通常は「留保される」と考えられますが、確認のため記載しています。

（5）第5項

本データに個人情報や匿名加工情報が含まれる場合は、個人情報保護法を遵守しなければなりません。また、甲は、乙や第三者に対しても個人情報保護法を遵守させなければなりません。

（6）第6項

甲は、本データの継続的な提供を行う場合、別紙２の項目表４項の頻度で提供しなければなりません。また、当初は継続的な提供を予定していたが事情変更で提供が難しくなった場合、事前に通知することで提供を終了できます。なお、継続データについても、提供形態や提供方法は最初の本データと同じです。

（7）第7項

甲からの継続データの提供がない場合、まずは乙が甲にその旨を通知します。故意に提供しないのではなく、失念している可能性があるからです。甲は、通知が適切な場合、継続データを提供します。

乙は、いきなり甲に継続データの提供の遅滞責任を問うのではなく、まずは甲への通知を行い、その上で適切な対処がなされない場合、遅滞責任を問えることにしています。

（8）第8項

甲は、乙と協議の上、提供形態や提供方法を変更できます。提供形態の変更は、乙の需要を満たさなくなる可能性があり、提供方法の変更は、乙の受領が困難になる可能性があるため、これらの変更は協議事項としています。

第４条（利用状況の報告等）

甲は、乙に対し、本データが有効に活用されているか又は乙による利用が本契約の条件に適合しているか否かを検証するために必要な利用状況の報告を求めることができ、乙は甲が求める事項について報告しなければならない。

2　甲は、前項に基づく報告が本データの利用状況を検証するのに十分ではないと判断した場合、自己の負担にて、乙の事業所等において、乙の利用状況の監査を実施することができる。

3　前項の監査の結果、乙が本契約に違反して本データを利用していたことが発覚した場合、乙は甲に対し監査に要した費用を支払うものとする。

本条は、本データの利用状況の報告等を定めています。

（1）第1項

甲は、「本データが有効に活用されているか」「本データが本契約の条件に従って適切に利用されているか」を検証するため、乙に利用状況を報告させることができます。

（2）第2項

甲は、報告が不十分と判断した場合、自己の費用負担で利用状況の監査を実施できます。

（3）第3項

監査の結果、本データの利用が本契約に違反していたことが発覚した場合、監査費用は乙が負担します。本契約に違反していた場合は是正を促し、それでも是正されない場合は本契約の解除も可能です（20条）。また、本サンプル契約では定めていませんが、罰則として追加の対価を支払わせることも考えられます。

第5条（本データの管理）

乙は、本データを他の情報と区別して善良な管理者の注意をもって管理、保管しなければならず、適切な管理手段を用いて、自己の営業秘密と同等以上の管理措置を講じなければならない。
2　甲は、本データの管理状況について、乙に対していつでも書面による報告を求めることができる。
3　甲は、前項に基づく報告が本データの管理状況を把握するのに十分ではないと判断した場合、自己の負担にて、乙の事業所等において、本データの管理状況の監査を実施することができる。
4　甲は、第2項の報告又は前項の監査の結果、本データの漏洩又は喪失のおそれがあると甲が判断した場合、乙に対して本データの管理方法、保管方法の是正を求めることができる。
5　乙は、前項の是正の要求がなされた場合、直ちにこれに応じなければならない。

本条は、本データの管理を定めています。

（1）第1項

本データと、乙自身が保有していたデータとのコンタミネーションを防ぐため、本項を規定しています。また、乙は、本項により本データを秘密管理する必要があります。

（2）第2項

甲は、本データの管理状況について、いつでも報告を求めることができ、乙は、書面で回答する必要があります。

（3）第3項

甲は、報告が不十分と判断した場合、自己の費用負担で管理状況の監査を実施できます。

（4）第4項

甲は、乙からの報告又は監査の結果、本データの漏洩や喪失のおそれがあると判断した場合、管理方法や保管方法の是正を求めることができます。

（5）第5項

乙は、甲の是正の要求に応じなければなりません。「直ちに」とあるのは、本データの漏洩や喪失に関することは緊急性を要すると思われるからです。

第6条（損害軽減義務）

乙は、本データの漏洩、喪失、第三者提供等本契約に違反する本データの利用（以下「本データの漏洩等」という。）が生じた場合、直ちにその旨を甲に通知しなければならない。また、乙は、本データの漏洩等のおそれが生じた場合、自己の負担と責任において、直ちに本データの漏洩等が生じないように対処しなければならない。

2　乙は、本データの漏洩等が生じた場合、直ちに、その原因を調査し、再発防止策について検討し、その内容を甲に報告しなければならない。また、乙は、自己の負担と責任において、再発防止策を施さなければならない。なお、甲は、当該再発防止策について不十分と判断した場合、再検討を要求でき、乙は、甲が了承できる再発防止策を自己の負担と責任で施さなければならない。

本条は、損害を軽減する義務を規定しています。

（1）第1項

乙は、本データの漏洩、喪失、第三者提供等本契約に違反する本データの利用が生じた場合、直ちに甲に通知しなければなりません。このような事態を甲が把握することにより、被害を抑えるためです。また、これらのおそれが生じた場合、乙の負担と責任でこれらが生じないよう対処しなければなりません。

（2）第2項

乙は、本データの漏洩等が生じた場合、原因を調査し、再発防止策を検討し、その内容を甲に報告しなければなりません。また、乙は、自己の負担と責任で再発防止策を施さなければなりません。なお、甲は、当該再発防止策を不十分と判断することもあるので、この場合、再検討し、甲が了承できる内容の再発防止策を施さなければなりません。これらは、乙にとって、多大な負担になる可能性がありますが、十分な防止策が図られない場合、本データの漏洩等が再度生ずる可能性があるからです。

第7条（対価）、第8条（支払）、第9条（報告及び監査）、第10条（非保証及び免責）、第11条（法令遵守）、第12条（秘密保持）は、解説省略

第13条（派生データの取扱い）【重要】

乙は、本データの利用により派生データを取得した場合、甲にその旨及び内容を通知しなければならない。

2　甲及び乙は、乙が取得した派生データの帰属について、別紙2の項目表第5項に記載のとおりとする。なお、ここでいう「派生データの帰属」とは、派生データのあらゆる処分（自己利用、削除、加工等、第三者への開示、提供、利用許諾、譲渡を含むがこれに限らない。）について決定できる権限を持つことをいう。

3　乙は、本契約の有効期間中においては、派生データの帰属にかかわらず、派生データを本利用権の範囲内でのみ利用することができ、その他の用途に利用してはならない。また、派生データの利用についても、本データと同様に本対

価を支払う対象とする。
4　甲及び乙は、本契約終了時、派生データの帰属が共有の場合、別途取扱いを定めるものとする。
5　甲は、自己に派生データが帰属しないものであっても、教育研究目的のために当該派生データを利用することができる。
6　乙は、派生データについても、第10条に定める範囲と同等の範囲で甲が免責されることを了承する。
7　乙は、派生データを更に加工、分析、編集、統合等したデータについても本条が適用されることを了承する。

本条は、派生データの取扱いを定めています。

(1) 第1項

乙は、派生データを取得した場合、甲にその旨及び内容を通知しなければなりません。

(2) 第2項

派生データの帰属は、別紙2の項目表5項のとおりとします。「一の当事者に単独帰属」又は「全当事者の共有」が考えられます。

データは、民法の所有権が適用されないため、派生データの帰属とは、どのような権限を持つものか記載が必要です。ここでは、派生データのあらゆる処分について決定できる権限としています。あらゆる処分とは、派生データの「自己利用、削除、加工等、第三者への開示、提供、利用許諾、譲渡」等が挙げられます。

(3) 第3項

乙は、派生データがどの当事者に帰属しようとも、本契約の有効期間中は、本利用権の範囲で利用できます。派生データの利用に制限があると、本利用権を受けている価値がなくなる可能性があるからです。なお、派生データの利用についても、本データの利用と同様に本対価を支払います。

(4) 第4項

派生データが共有帰属の場合、本契約終了時に、契約終了後の取扱いを定めます。単独帰属の場合は、所有者が自由に取り扱うことができます。

(5) 第5項

甲は、派生データについて、帰属の所有者にかかわらず教育研究目的で利用できます。本データの提供者としての優遇措置です。

(6) 第6項

甲は、派生データについても、本データと同等の範囲で免責されます。

(7) 第7項

派生データを更に加工、分析、編集、統合等したデータについても、派生データとして本条が適用されます。

第14条（本データの修正）、第15条（最新の本データの利用）、第16条（甲の商標等の使用禁止）、第17条（第三者の利用許諾）、第18条（契約終了時の義務）、第19条（有効期間）、第20条（解除）、第21条（支配権の変動等）、第22条（存続条項）、第23条（損害賠償）、第24条（通知）は、解説省略

第25条（不可抗力条項）

> 甲及び乙は、本契約の有効期間中において、天災地変、戦争、暴動、内乱、自然災害、停電、通信設備の事故、クラウドサービス等の外部サービスの提供の障害、停止又は緊急メンテナンス、法令の制定改廃その他甲及び乙の責に帰すことができない事由による本契約の全部又は一部の履行遅滞又は履行不能については、何らの責任を負わないものとする。

本条は、不可抗力を定めています。

データはIT系サービスを通じて提供することが多く、IT系サービスが障害、停止等された場合、本データを提供できないからです。これらの事情により本データを提供できない場合、相手方に対し何ら責任を負いません。

第26条（技術移転機関の利用）、第27条（譲渡等）、第28条（協議）、第29条（準拠法及び裁判管轄）は、解説省略

サンプル契約書

データ利用許諾契約書

●●（以下「甲」という。）と■■（以下「乙」という。）は、甲が本データの利用を乙に許諾するに当たり、次のとおり契約（以下「本契約」という。）を締結する。

（定義）

第１条　本契約において、以下に掲げる用語の意義は、当該各号に定めるところによる。

（1）「本データ」とは、別紙１の記載により特定されるデータをいう。

（2）「本秘密情報」とは、甲が乙に秘密の旨を明示して開示又は提供した、本データに関連する技術的な情報をいう。なお、口頭等で情報を開示した場合には、開示時に秘密の旨を告げ、開示日から30日以内に書面にて特定した情報とする。

（3）「残許諾製品」とは、本契約終了時に第４条の本対価が精算されていない許諾製品（生産工程中にあるものではなく、製品として完成している物。主に在庫や流通中の物）をいう。

（4）「派生データ」とは、本データを加工、分析、編集、統合等することによって新たに生じたデータをいう。

2　別紙２の項目表第２項の記載について、以下に掲げる用語の意義は、当該各号に定めるところによる。

（1）「許諾製品」とは、本データを利用できる製品をいう。

（2）「許諾用途」とは、本データを利用できる用途をいう。

（3）「許諾場所」とは、本データを利用できる場所をいう。

（4）「その他制限」とは、「許諾製品」「許諾用途」及び「許諾場所」以外の本データを利用する上での制限をいう。

（5）「許諾期間」とは、本データを利用できる期間をいう。当該期間が利用許諾期間となる。

（6）「独占／非独占」とは、本データを独占的に利用できるか否かをいう。なお、「本データを独占的に利用できる」とは、次条に定める本利用権と同一範囲について、甲は乙以外の第三者に本データの利用を許諾しないことを意味する。

（利用許諾）

第2条　甲は、乙に対し、本データについて、別紙2の項目表第2項に定める範囲の利用を許諾する（以下「本利用権」という。）。

2　乙は、甲の事前の書面による承諾のない限り、本利用権の行使以外の目的で本データを加工、分析、編集、統合その他の利用をしてはならず、本データを第三者に開示、提供又は漏洩してはならない。

3　甲は、第1項の規定にかかわらず、いかなる場合も教育研究目的のために本データを自ら利用できる。

（本データの提供）

第3条　甲は、別紙2の項目表第4項に定める形態で、本データを乙に提供しなければならない。

2　乙は、本データの受理後10日（以下「確認期間」という。）以内に本データの不足等を確認し、これらの事項を発見した場合甲に通知しなければならない。甲は、通知を受けた場合、新たに本データを提供しなければならない。なお、乙が確認期間内に何らの通知も行わない場合、本データは適切に提供されたものとみなす。

3　乙は、甲が求めた場合、本データの受領書を甲に発行しなければならない。

4　乙は、本データの提供後においても、本データに係る全ての権利は甲又は本データの権利者に留保されることを了承する。

5　甲及び乙は、本データに個人情報保護に関する法律（以下「個人情報保護法」という。）に定める個人情報又は匿名加工情報（以下「個人情報等」という。）を含む場合、以下の各号を遵守しなければならない。

（1）甲は、本データの提供に当たり、個人情報等を含むことを明示しなければならない。

（2）甲は、本データの生成、取得及び提供等について、個人情報保護法に定められている手続を履践していることを保証しなければならない。

（3）乙は、本データについて、個人情報保護法を遵守し、個人情報等の管理に必要な措置を講じなければならない。

（4）乙は、第2条第2項の甲の承諾を得て本データを第三者に提供する場合、乙の負担と責任において個人情報保護法に基づく手続を行わなければならない。

6　甲は、本データの継続的な提供を行わなければならない場合、別紙2の項目表第4項の記載に従い本データを継続的に乙に提供しなければならない。ただし、甲は、継続的な提供が困難になった場合、事前に乙に通知することにより、何ら責任を負うことなく提供を終了することができる。また、本データの継続的な提供形態及び提供方法は、本条に準ずるものとする。

7　乙は、前項の継続的な提供の提供時期が訪れても甲からの提供がない場合、その旨を甲に通知するものとする。甲は、乙からの通知を受理し当該通知が適切な場合、速やかに本データの継続的な提供を行うものとする。なお、乙は、前述の通知を行った後でしか提供の遅滞について甲に責任を問わないものとする。

8　甲は、乙と協議の上、提供形態及び提供方法を変更することができる。

（利用状況の報告等）

第4条　甲は、乙に対し、本データが有効に活用されているか又は乙による利用が本契約の条件に適合しているか否かを検証するために必要な利用状況の報告を求めることができ、乙は甲が求める事項について報告しなければならない。

2　甲は、前項に基づく報告が本データの利用状況を検証するのに十分ではないと判断した場合、自己の負担にて、乙の事業所等において、乙の利用状況の監査を実施することができる。

3　前項の監査の結果、乙が本契約に違反して本データを利用していたことが発覚した場合、乙は甲に対し監査に要した費用を支払うものとする。

（本データの管理）

第5条　乙は、本データを他の情報と区別して善良な管理者の注意をもって管理、保管しなければならず、適切な管理手段を用いて、自己の営業秘密と同等以上の管理措置を講じなければならない。

2　甲は、本データの管理状況について、乙に対していつでも書面による報告を求めることができる。

3　甲は、前項に基づく報告が本データの管理状況を把握するのに十分ではないと判断した場合、自己の負担にて、乙の事業所等において、本データの管理状況の監査を実施することができる。

4　甲は、第2項の報告又は前項の監査の結果、本データの漏洩又は喪失のおそれがあると甲が判断した場合、乙に対して本データの管理方法、保管方法の是正を求めることができる。

5　乙は、前項の是正の要求がなされた場合、直ちにこれに応じなければならない。

（損害軽減義務）

第6条　乙は、本データの漏洩、喪失、第三者提供等本契約に違反する本データの利用（以下「本データの漏洩等」という。）が生じた場合、直ちにその旨を甲に通知しなければならない。また、乙は、本データの漏洩等のおそれが生じた場合、自己の負担と責任において、直ちに本データの漏洩等が生じないように対処しなければならない。

2　乙は、本データの漏洩等が生じた場合、直ちに、その原因を調査し、再発防止策について検討し、その内容を甲に報告しなければならない。また、乙は、自己の負担と責任において、再発防止策を施さなければならない。なお、甲は、当該再発防止策について不十分と判断した場合、再検討を要求でき、乙は、甲が了承できる再発防止策を自己の負担と責任で施さなければならない。

（対価）

第7条　乙は、本利用権の対価（以下「本対価」という。）として、別紙2の項目表第6項に定める額を支払う。

2　乙は、本データを利用した許諾製品の売上高が円以外の通貨の場合、該当する対象期間の乙の最終営業日における三菱UFJ銀行の対顧客電信為替売相場（TTS）を用いて円換算し、本対価を支払う。

（支払）

第8条　甲は、本契約締結後、本対価の①契約一時金に関する請求書を発行する。

2　甲は、次条に定める報告書について疑義がない場合、本対価の②ランニングロイヤリティに関する請求書を発行する。

3　乙は、請求書受理後、以下に掲げる事項に従い本対価を支払わなければならない。

（1）甲の請求書発行日から起算して30日（当該日が土、日又は祝日に該当する場合は翌営業日までとする。以下「支払期限」という。）以内に支払う。

（2）本対価に消費税及び地方消費税を加算した額を支払う。

（3）全額を一括払にて支払う。

（4）甲の指定する銀行口座への振り込みにて支払う。

（5）乙にて振込手数料を負担する。

4　乙は、支払期限までに本対価の支払を行わない場合、支払期限の翌日から支払日までの日数に応じ、その未払額に年3％の割合で計算した延滞金を遅延損害金として支払わなければならない。

5　甲は、支払済みの本対価について、理由のいかんを問わず乙に返還する義務を負わない。

（報告及び監査）

第9条　乙は、別紙2の項目表第7項の対象期間ごとに、別紙3の様式の報告書（以下「報告書」という。）を、報告書提出期限までに甲に提出しなければならない。

2　乙は、最終回の報告書において、残許諾製品について併せて記載しなければならない。

3　乙は、本対価の支払がない場合も、その旨を報告書として作成し、報告書提出期限までに甲に提出しなければならない。

4　甲は、報告書の内容について疑義が生じた場合、乙に問い合わせることができ、乙は、問合せについて回答しなければならない。

5　甲は、自己の負担により、乙の事業場に甲の職員及び甲の指定する公認会計士等の代理人を派遣し、報告書の基礎となった証票、会計記録及び帳簿等（以下「帳簿等」という。）を調査（帳簿等を複製し調査することを含む。）することができ、乙は正当な理由なくこれを拒むことはできない。また、乙は、帳簿等を、作成した年度（当年4月1日から翌年3月末日までを1年度とする。）の翌年度から●年間保存しなければならない。

6　前項の調査の結果、本対価として支払われた金額が本来支払われるべき金額より●％を超えて過小であったことが判明した場合、前項の調査に要した費用は乙が負担しなければならない。

（非保証及び免責）

第10条　乙は、本データは研究の過程において又は結果として得られたものであるため、安全性、正確性及び技術的な性能等について十分な確証が得られていないことを了承する。

2　甲は、乙に対し、本データについて、以下に掲げる事項を含むいかなる事項についても保証しない。

（1）知的財産権を含む第三者の権利を侵害しないこと

（2）本データが技術的又は商業的に有用であること

（3）本データの秘匿性が保たれていること

3　甲は、乙の本データの利用により生じたいかなる事由についても免責される。とりわけ、乙の本データの利用の結果、環境汚染や環境破壊を招いた場合、製造物責任を問われた場合、第三者に何らかの健康被害を及ぼした場合、その他第三者から何らかの請求を受けた場合又は第三者との間で紛争が生じた場合、乙は、自己の負担と責任において解決しなければならず、甲に負担又は損害を及ぼさないよう保護しなければならない。

（法令遵守）

第11条　乙は、本データの利用について、自己の責任において、全ての関連する法令を遵守しなければならない。

（秘密保持）

第12条　乙は、本秘密情報について、甲の事前の書面による承諾なく第三者に開示又は提供してはならず、善良なる管理者の注意をもって管理しなければならない。また、本契約の履行以外の目的で本秘密情報を使用してはならない。ただし、以下に掲げる事項のいずれかに該当するものについてはこの限りではない。

（1）知得時点で既に公知であったもの

（2）乙の責によらず公知となったもの

（3）知得時点で既に乙が正当に保有し、かつ、その事実を証明できるもの

（4）乙が正当な権利を有する第三者より秘密保持義務を負うことなく開示されたもので、その事実を証明できるもの

（5）本秘密情報によることなく乙が独自に開発したもの

2　乙は、法令又は規則等に基づき裁判所又は監督官庁等から本秘密情報の開示を要求された場合、事前に甲に通知した上で、必要最小限の情報に限り開示することができる。

（派生データの取扱い）

第13条　乙は、本データの利用により派生データを取得した場合、甲にその旨及び内容を通知しなければならない。

2　甲及び乙は、乙が取得した派生データの帰属について、別紙２の項目表第５項に記載のとおりとする。なお、ここでいう「派生データの帰属」とは、派生データのあらゆる処分（自己利用、削除、加工等、第三者への開示、提供、利用許諾、譲渡を含むがこれに限らない。）について決定できる権限を持つことを

いう。
3　乙は、本契約の有効期間中においては、派生データの帰属にかかわらず、派生データを本利用権の範囲内でのみ利用することができ、その他の用途に利用してはならない。また、派生データの利用についても、本データと同様に本対価を支払う対象とする。
4　甲及び乙は、本契約終了時、派生データの帰属が共有の場合、別途取扱いを定めるものとする。
5　甲は、自己に派生データが帰属しないものであっても、教育研究目的のために当該派生データを利用することができる。
6　乙は、派生データについても、第10条に定める範囲と同等の範囲で甲が免責されることを了承する。
7　乙は、派生データを更に加工、分析、編集、統合等したデータについても本条が適用されることを了承する。

（本データの修正）
第14条　乙は、本データについての瑕疵を発見した場合、甲にその旨を通知しなければならない。甲は、当該情報を基に、本データを修正できる。以下、甲が本データを修正したものを「本データの修正版」という。
2　前項の規定は、甲が本データの修正版を提供する義務を負うものと解釈されるものではなく、甲は任意で本データの修正版を乙に提供できる。

（最新の本データの利用）
第15条　乙は、前条に基づき甲から本データの修正版の提供を受けた場合又は甲が自発的に本データを修正したものの提供を受けた場合、これら最新の本データ（以下「本データの最新版」という。）を利用できる。
2　第３条の規定は、本データの最新版の提供に準用する。
3　本データの最新版は、本契約において、本データとして取り扱われるものとする。

（甲の商標等の使用禁止）
第16条　乙は、甲の事前の書面による承諾を得た場合を除き、甲の商標等（甲の名称、商標、マーク、デザイン、その他直接又は間接的に甲を想起させると甲が判断する表示をいう。）を、許諾製品に使用（宣伝・広告活動において使用することを含む。）してはならない。

(第三者への利用許諾)

第17条　乙は、別紙２の項目表第３項に定める再利用許諾が可の場合、本利用権に基づき、第三者に本データを提供し利用を許諾（以下「再利用許諾」という。）できる（以下、再利用許諾を受けた第三者を「再利用権者」という。）。

2　乙は、再利用権者の候補が生じた時点でその旨を甲に通知し、再利用許諾に対する甲への対価の額を、甲と協議し決定しなければならない。かかる協議が整わない場合、乙は、前項にかかわらず、再利用許諾を行うことができない。

3　乙は、再利用許諾を行う場合、再利用権者と再利用に関する契約（以下「再利用許諾契約」という。）を締結し、再利用許諾契約にて再利用権者に以下に掲げる事項を遵守させなければならない。また、乙は、甲に対し、再利用権者の履行について責任を負わなければならない。

（１）再利用権者は、本契約において乙が負う義務と同等の義務を負担し、これを履行すること

　ただし、乙が再利用権者を代理して履行することを妨げるものではない。

（２）本契約において甲が免責される事項について、甲を免責すること

（３）本データの利用により生ずる結果について、乙又は再利用権者が一切の責任を負うこと

（４）再利用権者が作成した派生データについて、甲が教育研究目的のために派生データを利用できること

4　乙は、再利用許諾に対する甲への対価について、乙の負担と責任において徴収し、本対価と合算して甲に支払わなければならない。ただし、甲が合意した場合、支払について乙が責任を負うことを条件に再利用権者から甲に直接支払わせることができる。

5　乙は、再利用許諾に対する甲への対価に関する報告書を、本対価に関する分と併せて第９条に従い甲に提出しなければならない。

(契約終了時の義務)

第18条　乙は、本契約が終了した場合（本契約の解約又は解除を含む。）、速やかに、以下に掲げる処理を行わなければならない。

（１）本データの利用を中止し、生産工程中の製品を破棄する。

（２）第９条に定める最終回の報告書を提出し、本契約終了日までに発生した本

対価を支払う。

（３）残許諾製品について、本契約終了時に残許諾製品が販売されたと仮定して本対価を算出し、前号の本対価と合算して支払期限までに支払う。この場合、乙は、本契約終了後１年間に限り、残許諾製品を販売することができる。

（４）本データ（複製物を含む。）を、再現不可能な状態で削除する。また、甲が要求した場合、削除の証明書を甲に提出する。

（有効期間）

第19条　本契約の有効期間は、許諾期間と同一の期間とする。

（解除）

第20条　甲及び乙は、相手方が本契約の定めに違反した場合、30日の期間をもって是正を催告し、相手方が当該期間内に違反を是正できない場合、その後直ちに本契約を解除することができる。

2　前項の定めは、本契約を解除した結果生ずる損害の賠償請求を妨げるものではない。

3　甲は、乙が次の各号のいずれかに該当した場合、乙に対し何らの責任を負うことなく、かつ、何らの催告を要することなく、直ちに本契約を解除することができる。

（１）破産手続、民事再生手続、会社更生手続又は特別清算手続の開始の申立てをなした場合又は申立てを受けた場合

（２）手形又は小切手が不渡りになった場合

（３）租税滞納処分を受けた場合

（４）差押え、仮差押え、仮処分又は競売の申立てを受けた場合

（５）解散を決議した場合

（６）監督官庁より営業の取消し又は停止等の処分を受けた場合

（７）前各号のほか、財務状態若しくは信用状態が悪化した場合又はそのおそれがあると甲が判断した場合

（８）法令に違反した場合又は公序良俗に反する行為を行った場合

（９）甲の信用を毀損した場合又はそのおそれがあると甲が判断した場合

（10）その他本契約を継続しがたい重大な事由が生じた場合

4　乙は、前項各号（第９号を除く。）に定める事由が生じた場合、直ちにその旨を甲に通知しなければならない。

（支配権の変動等）
第21条　乙は、合併、株式移転、株式交換若しくは乙の株主の全議決権の２分の１を超えて変動するなど乙の支配権に変動が生ずる場合、又は本データの利用に関連する事業が譲渡される場合、事前に書面にてその旨及び変動先又は譲渡先を甲に通知する。甲は、乙が本契約に定める権利義務を引き継がせることを条件に、前述の支配権の変動又は事業譲渡に伴う本利用権の利用権者の地位の移転を認めるものとする。ただし、甲は、国又は地方公共団体の指示、要望、方針又は施策等により、当該支配権の変動又は事業譲渡に伴う本利用権の利用権者の地位の移転が適当でないと自己が判断した場合、当該支配権の変動時又は事業譲渡時をもって乙に対し何らの責任を負うことなく本契約を解除することができる。

（存続条項）
第22条　本契約が終了した場合においても、第12条については本契約終了後３年間、第８条、第９条、第10条、第13条第４項乃至第７項、第16条、第17条第３項乃至第５項、第18条、第27条及び第29条の規定は、当該条項が定める期間又は各条項の目的とする事項が消滅するまで有効に存続する。

（損害賠償）
第23条　甲及び乙は、故意又は過失により相手方に損害を与えた場合、相手方に生じた損害を賠償する責を負う。

（通知）
第24条　本契約に基づく各種通知は、別紙２の項目表第８項に定める通知先に対して書面により行うものとする。ただし、相手方が認めた場合、電子メール等の手段により通知を行うことができる。
２　甲及び乙は、前項に定める通知先が変更となる場合、速やかに相手方に変更後の通知先を連絡しなければならない。

（不可抗力条項）
第25条　甲及び乙は、本契約の有効期間中において、天災地変、戦争、暴動、内乱、自然災害、停電、通信設備の事故、クラウドサービス等の外部サービスの提供の障害、停止又は緊急メンテナンス、法令の制定改廃その他甲及び乙の責に帰すことができない事由による本契約の全部又は一部の履行遅滞又は履行不能については、何らの責任を負わないものとする。

（技術移転機関の利用）
第26条　甲は、自己が指定する技術移転機関に対し、本契約に基づく自己の業務を委託することができる。

（譲渡等）
第27条　乙は、本契約に別途定めがない限り、本契約上の地位及び本契約によって生じた権利義務の全部又は一部を、甲の事前の書面による承諾なく、第三者に譲渡し又は担保に供してはならない。

（協議）
第28条　甲及び乙は、本契約に定めのない事項又は本契約の解釈について疑義が生じた場合、法令の規定に従うほか、誠意をもって協議し解決を図る。

（準拠法及び裁判管轄）
第29条　本契約の準拠法は日本国法とする。
2　甲及び乙は、被告の所在地を管轄する地方裁判所を、本契約に関する紛争の第一審の専属的合意管轄裁判所とする。

本契約の締結を証するため、本書２通を作成し、甲乙それぞれ記名押印の上、各１通を保管する。

○○年○○月○○日

（甲）
（乙）

別紙１：本データ

（1）本データ

（2）提供方法

【ファイル形式】の電子ファイルを甲のサーバにアップロードし、乙が適宜当該サーバから当該電子ファイルをダウンロードする方法により提供する。

【コメント：
①ファイル形式を記載してください。
②上記以外の方法の場合、適当に書き換えてください。】

別紙２

項目表

1．本データ	別紙１に記載	
2．許諾範囲	許諾製品	□特定（*【製品を記入】*） □特定しない（全ての製品）
	許諾用途	●●・・・（*【「●●サービスの提供」「●●の生産及び販売」など本データの用途を記入】*）
	許諾場所	□限定（*【「日本国内」「企業内限定」などを記入】*） □限定なし
	その他制限	□有（*【本データを開示してよい範囲（従業者名等）の制限などがあれば記入】*） □無
	許諾期間	本契約締結日から●年間
	独占／非独占	□独占 □非独占

<table>
<tr><td>3．再利用許諾（サブライセンス）の可否</td><td colspan="2">□可
□不可</td></tr>
<tr><td rowspan="4">4．データの提供</td><td>提供形態</td><td>□生データ
□その他の形態（【「加工データ」「統合データ」などを記入】）</td></tr>
<tr><td>個人情報等の有無</td><td>□個人情報あり
□匿名加工情報あり
□なし</td></tr>
<tr><td>提供方法</td><td>別紙１に記載</td></tr>
<tr><td>データの継続的な提供</td><td>□無
□有（提供頻度：●か月に１回）</td></tr>
<tr><td>5．派生データの帰属</td><td colspan="2">□一の当事者に単独帰属（権利者：　）
□全当事者の共有</td></tr>
<tr><td>6．本対価</td><td colspan="2">①契約一時金：●●円
②ランニングロイヤリティ：本データを利用した許諾製品の売上高×●●%</td></tr>
<tr><td>7．報告書</td><td colspan="2"><table>
<tr><th></th><th>対象期間</th><th>報告書提出期限</th></tr>
<tr><td>初回</td><td>本契約締結日～
直近の３月31日</td><td>直近の４月30日</td></tr>
<tr><td>２回目以降</td><td>当年４月１日～
翌 年 ３ 月31日</td><td>翌 年 ４ 月30日</td></tr>
<tr><td>最終回</td><td>当年４月１日～
本 契 約 終 了 日</td><td>本契約終了日の翌日から起算し30日以内</td></tr>
</table></td></tr>
<tr><td>8．通知先</td><td colspan="2">甲：
乙：</td></tr>
</table>

別紙3

報告書

●年●月●日

●●大学
学長　様

住所：
法人名：
代表者：　　　　　　　　　印

データ利用許諾契約（○年○月○日締結）第9条第1項に基づき、本対価について次のとおり報告します。

記

1．報告対象期間　　●年●月●日 ～ ●年●月●日

2．利用状況

許諾製品名	販売数量（個）	単価（円）	売上高（円）
計			

3．本対価（第7条第1項）
（1）ランニングロイヤリティ：売上高×●%＝　　　　円
（2）消費税相当額：（1）×10%＝　　　円
（3）合計（支払額）：（1）＋（2）＝　　　円

4．担当者（本報告書の照会先）

住所：

担当部署：

氏名：

TEL：

e-mail：

5．その他

・「再利用許諾に対する甲への対価」がある場合、これについても記載する（第17条第5項）。

・最終回は、残許諾製品を追記する（第9条第2項）。

以上

3　Q&A

Q1：「データ」の法律上の位置付けについて教えてください。

A1：

法律上の権利として、所有権、著作権、特許権、不正競争防止法による権利（営業秘密、限定提供データに係る権利）等が考えられます。

まず、データは無体物であり、所有権の対象とはなりません。よって、所有権で認められている使用、収益及び処分する権利は適用されません（民法206条）。また、著作権や特許権での保護や、不正競争防止法による権利での保護も、下表のとおり限定的です。

各種権利によるデータの保護に関する整理

権利の種別	権利の性格	データの保護についての利用の可否
著作権	思想又は感情を創作的に表現したものであって、文芸、学術又は音楽の範囲に属するものであることが必要。	機械的に創出されるデータに創作性が認められる場合は限定的。
特許権	自然法則を利用した技術的思想の創作のうち高度のもので、産業上利用できるものについて、特許権の設定登録がされることで発生する。	データの加工・分析方法は別として、データ自体が自然法則を利用した技術的思想の創作のうち高度のものであると認められる場合は限定的。
営業秘密に係る権利	①秘密管理性、②有用性、③非公知性の要件を満たすものを営業秘密といい、不正の手段により営業秘密を取得する行為等の法定の類型の行為（不正競争）がなされた場合に、差止請求及び損害賠償請求又は刑事罰が認められる。	左記①から③の要件を満たす場合には、法的保護が認められる。

限定提供データに係る権利	①業として特定の者に提供する情報であること（限定提供性）、②電磁的方法により相当量蓄積されていること（相当蓄積性）、③電磁的方法により管理されていること（電磁的管理性）、④技術上又は営業上の情報、⑤秘密として管理されていないことを満たすものを限定提供データといい、不正の手段により限定提供データを取得する等の法定の類型の行為（不正競争）がなされた場合に、差止請求及び損害賠償請求又は刑事罰が認められる。なお、⑥無償で公衆に利用可能となっている情報（オープンなデータ）と同一の情報の場合、不正競争行為に該当しないものとされている。	①から⑥の要件を満たす場合には、法的保護が認められる。

※出典：「AI・データの利用に関する契約ガイドライン 1.1版」経済産業省pp.15-16

このように、データの法律上の権利については、非常に限定的であり、また、実際のデータがこれらに該当するか否かの判断は困難なことも多いです。このため、データについては、契約上の取決めとして保護することが図られます。

また、データに関する契約について、「データ・オーナーシップ」という言葉が用いられることがあります。一般的には、データに適法にアクセスし、その利用をコントロールできる事実上の地位、又は契約によってデータの利用権限を取り決めた場合にはそのような債権的な地位を指して、「データ・オーナーシップ」と呼称することが多いものと思われます（「AI・データの利用に関する契約ガイドライン（1.1版）」p.16）。

しかしながら、現在のところ法的な定義があるわけではありません。このため、「データ・オーナーシップ」あるいは「データの帰属」という言葉を用いる場合は、これらについて契約上で定義してください。サンプル契約書では、13条２項で定義しています。

Q2：データの保護について教えてください。

A2：

データの保護は、「契約的な側面」と「物理的な側面」から考える必要があります。

「契約的な側面」は、プロジェクト開始時にデータの取扱いを定めることや、データ利用許諾契約を結ぶ等です。

「物理的な側面」は、ＩＤやパスワードを設定する、アクセス可能な者を最小限にするのは当然ですが、データの格納場所を公的ネットワークに接続しないようクローズ化し、物理的にアクセスを困難にする方法もあります。

また、データ自体を暗号化することや、データを分散管理し１か所の漏洩では意味をなさないこと、データにマークを入れ漏洩した場合に特定できること等の工夫も考えられます。

これらを複合的に行うことで、より効果的に保護することができます。

コラム7　座右の書（2）

座右の書の2冊目は、『菜根譚（洪自誠著）』です。「このような本が世の中にあるんだ」と思わせる本です。

「老来の疾病は、すべて是れ壮時に招きしものなり」

これは、身が老いてからの病気は、すべて若い時に摂生しなかったことによって招いたものである、という意味です。もう遅いかもしれませんが、非常によく分かります。

「福（さいわい）は事少なきより福たるはなく、禍は心多きより禍なるはなし」

私が好きな言葉です。出来事が少ないほど幸せなことはない。災難は気持ちが多いことから災難となる。平凡であり、質素が一番ということです。

この本は、名言の宝庫です。本当におすすめです。

参考文献

・KEIYAKU-WATCH 株式会社LegalOn Technologies（ホームページ）
・BUSINESS LAWYERS（ホームページ）
・香川崇ほか／山本敬三監修『民法Ⅰ総則』（有斐閣ストゥディア、2021）

第1章　総則

・中山信弘『特許法』（弘文堂、第4版、2019）
・『平成27年 特許法等の一部改正 産業財産権法の解説』
特許庁総務部総務課制度審議室編（一般社団法人発明推進協会、2016）

第5章　共同出願契約

・加戸守行『著作権法逐条講義』
（社団法人著作権情報センター、五訂新版、2006）

第6章　譲渡契約

・中山信弘『特許法』（弘文堂、第4版、2019）
・「知的財産の利用に関する独占禁止法上の指針」
平成28年1月21日改正 公正取引委員会
・「BUSINESS LAW JOURNAL 2009. 3」
レクシスネクシス・ジャパン株式会社

第8章　特許実施許諾契約

・『ソフトウエア取引の法律相談』
TMI総合法律事務所編（青林書院、2013）

第9章　ソフトウエア使用許諾契約

・「AI・データの利用に関する契約ガイドライン（1.1版）」
令和元年12月、経済産業省
・データ利用許諾契約雛形 AMED

第10章　データ利用許諾契約

索　引

あ行

か行

さ行

た行

な行

は行

ま行

や行

ら行

おわりに

本書の執筆のきっかけは、たわいのない雑談からでした。

監修を引き受けて頂いたUNITTのグローバル人材育成委員会で、本書と同名の「契約の『いろは』」という研修を行っていたところ、「テキスト本となるようなものを作ってみてはどうか」という話になりました。おそらく、研修の配布資料を綴じたようなものを想定していたと思います。ところが、私は、せっかくだからと思い、書籍の形にしたいと提案しました。よく「企画は飲みの場で決まった」などと聞きますが、本当にそんな感じでした。

そして、書籍にすることが決まったとき、私にはもう一つ実現したいことがありました。

それは、娘の陽菜に表紙をデザインしてもらうことです。

この本は、親子合作になっています。実際にやってみると、ピンとくるデザインがなかなかできず、時にはやり直しを言い、不穏な空気になりながらも最後にはすばらしいものを仕上げてもらいました。

はる、よくがんばった。そして、ありがとう。

UNITTの事務局長の羽鳥様には、発明推進協会との接点を作って頂き、出版費用など、様々な面でご協力頂きました。羽鳥様の助けがなければ、本書は出版できませんでした。

UNITTのグローバル人材育成委員会の皆さまには、膨大な原稿を監修頂きました。私が気付かなかったところについて示唆頂き、助かりました。

そして、発明推進協会の原澤様、神林様には、執筆経験のない素人を導くのは大変だったと思います。

担当頂いた神林様からの業務メールに何気ない日常会話がボソッと入っているのが、私をリラックスさせてくれました。

皆さまの助けがあって、こうして本書が完成しました。

一介のサラリーマンが出版できるなど、夢にも思っていませんでした。このような機会を得られ、私には感謝しかございません。

この場を借りてお礼を申し上げます。

令和６年吉日　小川　隆

著者略歴

小川　隆

【所属・役職】

国立大学法人九州大学

研究・産学官連携推進部　産学官連携推進課

特定業務専門職

【経歴】

1997年　九州大学システム情報科学研究院卒業

1997年　日本テレコム株式会社（現ソフトバンク株式会社）入社

システム開発、知的財産業務に従事

2006年　国立大学法人九州大学入職、現職

カバーデザイン：小川　陽菜

産学連携関係者のための 契約の「いろは」

2024（令和6）年2月14日　初版　発行

2024（令和6）年10月23日　初版　第2刷　発行

著　者　小川　隆

監　修　一般社団法人大学技術移転協議会 グローバル人材育成委員会

発　行　一般社団法人発明推進協会

発行所　一般社団法人発明推進協会

現住所　〒105-0001

東京都港区虎ノ門2－9－1

電　話　03-3502-5433（編集）

03-3502-5491（販売）

ＦＡＸ　03-5512-7567（販売）

印　　刷　株式会社ディグ　　Printed in Japan

乱丁・落丁本はお取替えいたします。

ISBN 978-4-8271-1389-1　C3032